生きたかった

相模原障害者殺傷事件が問いかけるもの

藤井克徳・池上洋通・石川満・井上英夫［編］

大月書店

本書のテキストデータを提供いたします

本書をご購入いただいた方のうち，視覚障害などの理由で書字へのアクセスが困難な方に，本書のテキストデータを提供いたします。ご希望の方は，書名・お名前・ご住所・電話番号を明記のうえ，返信用封筒，200円切手を同封し，下記までお送りください。

なお第三者への貸与，送信，ネット上での公開などは著作権法で禁止されておりますので，ご留意ください。

〒113-0033　東京都文京区本郷2-11-9
大月書店編集部　テキストデータ送付係

はじめに――黙っていてはいけない

二〇一六年七月二六日未明に、神奈川県相模原《さがみはら》市の障害者入所施設「津久井やまゆり園」で起きた障害者殺傷事件は、国民全体に大きなショックを与えました。

当然のことながら、障害当事者や家族の衝撃は大きく、相次いだ当事者団体による声明には怒りや悲しみの思いがあふれ、二度とあってはならないこと、という点で一致しています。しかし、容疑者の人間像、動機や障害者観＝優生思想による偏見などが明らかにされ、衆議院議長に宛てた手紙が公表されたことなどから、国民的意識の状況が変化し、事件について「特殊な思想をもった者による犯行ではないのか」という見方が広がる気配になりました。

さらに、容疑者の犯行を「身を投げて障害者の苦しみを取り除いたもの」と賞賛する意見がネット上などに現れるようになる一方、容疑者が精神医療による「措置入院」の経験をもっていたことから、「強制的な長期の措置入院制度を確立せよ」という声も出されています。いずれも優生思想に裏づけられたもので、見逃すことができません。

しかしまた一方では、施設の運営について基本的な責任をもつべき神奈川県政や相模原市政の責任を問う声は、ほとんど聞こえてきません。容疑者が元職員であったことからも、職員の研修や労働条件、障害者に対するケアの内容などを問うのが当然のことであり、民間委託システムの現実も検討されなければならないはずです。

事件の基本的性格は、「障害者の基本的人権・生存権の否認」ということにあります。

基本的人権の思想は「すべての者は、生まれながらにして平等である」ことを出発点としています。このことを日本国憲法は第一三条で「すべて国民は、個人として尊重される。生命、自由及び幸福追求に対する国民の権利については、公共の福祉に反しない限り、立法その他の国政の上で、最大の尊重を必要とする。」と規定しました。憲法が定めるすべての基本的人権が、すべての国民に保障されるべきものであること、国政はそのことに最大の力を注がなければならないことを明記しているのです。

また、わが国も批准《ひじゅん》・加盟した国連「障害者の権利条約（障害のある人の権利条約）」は、あらゆる障害者に基本的人権が具体的に保障されるべきこと、そのために「合理的な配慮」が必要なことを規定し、加盟国の政府の義務としました。ここでいう「合理的な配慮」とは、個々の障害者の社会生活のすべての場面で、その権利を具体化するために必要な「当然行われるべき配慮」のことです。

事件は、これらの理念を正面から否定しましたが、前記のように、その根底に優生思想があったことが報じられています。優生思想とは、「人には生まれながらにして優劣の差があり、劣る者についてはその生存を否定すべきだ」という思想です。自然界の生物進化について論じたダーウィンの「自然淘汰《とうた》」説を人間社会に適用した「社会ダーウィン主義」にその思想の典型が見られますが、ドイツにおけるヒトラーの政策として、障害者の殺害やユダヤ民族迫害の形をとったことが知られています。

日本においても明治憲法下の一九四〇年に「国民優生法」を制定、さらに現行憲法施行後の一九四八年にそれを廃止し「優生保護法」を制定（翌年施行）、九六年に大幅に改正して「母体保護法」と改題しました。このうち前の二法は、特定の疾患・障害をあげて、強制または半強制的に、生殖・妊娠を不能にしたり胎児をおろしたりする手術をおこなうことを規定（巻末資料参照）、それに基づいて数多くの手術がおこなわれたのです。そして現在、社会格差を当然とみなす状況が広がっており、ヘイトスピーチ、ヘイトクライムなどの動向も無視できません。

一方で、本年四月一日に「障害者の権利条約」をふまえた「障害者差別解消推進法」が施行されました。政府はその施行に向けて、全省庁、また医療福祉関係その他の業者組織などにガイドラインを出すなど、いつにない意気込みを示しました。さらに全国各地の自治体において、条例の制定をはじめ新たな段階の政策形成への真剣な努力が始められ、障害当事者の団体が積極的に参加しつつあります。事件はそうした状況下で起きました。

この事態を前に、私たちには、少なくとも、次の問いが投げかけられています。

①国内外の反響も考慮して、事件をどう捉《とら》えるか、事件の本質は何か
②障害当事者における反応はどうか、どう見るか
③事件の背景にある社会意識、市民のあいだの障害者差別意識はどうか
④優生思想の根源と、日本におけるその現実的展開はどうか
⑤事件が起きた施設の現実と、障害者施設を含む自治体の障害者政策の現実的展開はどうか
⑥精神保健・医療の現実と事件とのかかわりはどうか
⑦障害者差別解消推進法の施行と、自治体における障害当事者の参加による政策の推進・展開はどうか
⑧共生の思想による人権社会の構築に向けた、障害当事者と市民との共同・連帯の運動の展望、中央政府と地方自治体の果たすべき役割は何か

本書は、こうした問題意識をもとに、日本国憲法と「障害者の権利条約」を鏡として、右記の問いかけへの回答を描き出そうとして編まれました。そして、共生の思想による、障害者の基本的人権の全面的な実現をめざす運動に積極的に参加することを目的として刊行されることになったのです。

二〇一六年一一月

編者を代表して　池上洋通

生きたかった

相模原障害者殺傷事件が問いかけるもの

目次

〈コラム〉当事者・家族・支援者の声

1　日本社会のあり方を根本から問い、犠牲者に報いるために

藤井克徳（日本障害者協議会代表、きょうされん専務理事）

現代の日本社会を投影した事件

この事件が起きてからまもなく半年がたちますが、今なおこの国の最高責任者からは、事件に関して、被害者や国民に対するきちんとした見解や声明が出されていません。事件後初の国会となった第一九二回臨時国会での首相の所信表明でも、一言もふれられませんでした。このように列島中に衝撃を与え、多くの障害当事者や家族を震撼《しんかん》させた事件ですから、こうした政府の姿勢は残念であり、問題があると思います。たしかに厚労省内に検証委員会が置かれましたが、報道や中間のまとめをみる範囲では、措置入院制度や施設の防犯策にのみ焦点があてられるなど、あまりに対症療法的です。

もう少し踏み込んで言うならば、この事件は現代日本社会の投影であり、障害者問題の縮図

と位置づけていいのではないでしょうか。

私自身は視覚に障害があり、ＮＰＯ法人日本障害者協議会（ＪＤ）や、きょうされん（旧称・共同作業所全国連絡会）などの団体にかかわっています。私の手元には事件後、障害当事者や家族からさまざまな声が寄せられ、自身も取材を続けています。最初に、これらの声を紹介したいと思います。

そのうえで、事件後の関連する動きを含めて、この事件がもつ常識的ではない部分、市民感覚とかけ離れた部分を考えたいと思います。そして、この事件の本質とは何かに焦点を当て、私たちがこの事件から何を汲《く》み取り、今後の障害者政策にどうつないでいくかについて言及したいと思います。

障害当事者の声

事件後、障害当事者やその家族から寄せられている感想を紹介します。

事件直後から一カ月以内にあがったのは一様に「怖い」という声でした。メディアを通じて事件現場の生々しい報道がくりかえされたこともあるでしょうが、中でも一番怖いという声が多かったのは、元職員が容疑者だったということです。元とはいえ、自分たちのことを誰よりも守ってくれるはずの職員によって多数が刺殺され傷つけられるというのは想像を超えるものであり、これまで感じたことのない怖さだったに違いありません。

並んで多かったのは、容疑者が衆議院議長に出した手紙の中にある「重い障害のある人たちは死んだほうがいい、安楽死させるべきだ」という趣旨の文にみられる、優生思想的な動機に対する怖さです。自分たちに刃先が向けられている感じがするというのです。これは身体障害者も精神障害者も含めての声でした。

そしてもうひとつ、精神障害者から異口同音《いくどうおん》に寄せられている声があります。それは、容疑者に精神疾患があり措置入院の過去があったことで、これでまた精神障害者への偏見が増すのではないか、時計の針が逆回転して、ふたたび入院中心の政策になるのではないか、という不安です。言い方はそれぞれでしたが、大きく分けて以上のような声が、障害当事者や家族から寄せられています。

死後まで続く差別

事件をめぐる問題点に入りますが、最初に述べたいのは、事件後の対応や関連する動きがあまりに不可解だということです。事件そのものが深刻かつ重大であることは言うまでもありませんが、これから述べる事件後の不可解さも、今回の事件の本質の一端を表しているのではないでしょうか。簡単に言うと、それらは普通の市民感覚や常識とかけ離れているのです。異常さと言ってもいいかもしれません。

まず挙げたいのが、被害者の名前が報道されないという問題です。いわゆる匿名《とくめい》報道ということです。報道関係者によると神奈川県警がそのような方針にあるということで、その理由としては遺族の意向だと言っています。真相はわかりませんが、いずれにしても本質的な問題を内包しているように思います。あのような大事件で被害者の実名を伏せるということは、社会通念としてありえないのではないでしょうか。NHKの記者によると、大きな事件や事故で被害者の実名を伏せたのは、二〇〇一年九月に新宿歌舞伎町で四四人が死亡した火災ぐらいだということです。

人の死というのは、たとえ第三者であっても、故人の氏名を知り、その人にまつわる年齢や性別などの情報によって、手の合わせ方も変わってきます。このまま実名が公表されないのでは、一人ひとりの死ではなく「グループの死」「顔のない死」となってしまいます。こうしたあつかいは、死んでからも続く差別と言っていいのではないでしょうか。ずっと障害問題に携わってきた私の立場からすると、あまりに切なく、やるせない思いです。

「遺族の意向」ということですが、これも大きくみれば優生思想と無関係ではないように思います。遺族からすれば「うちの子は、近所ではいないことになっている」「今さら名前を言いにくい」といった現実があるのかもしれません。私は、かつて精神障害者のための作業所を仲間とつくってきました。あるメンバーが亡くなったとき、家では葬式を出せないということで、母親の意向で病院の霊安室を借りて葬式をしたことがあります。霊安室での葬式というのは何とも言い表せないものがあります。今回の匿名報道の問題は、このときの体験が重なってきます。

障害のある家族の存在を表に出せないことについて、そのような親に問題があるのかというと、そう単純な話ではありません。私の個人的な見解としては、原則は氏名を明かしてほしいと思いますが、より重要なのは、そういう親の対処の仕方の背景をみる必要があるということです。隠さざるをえない今の社会に本質的な問題が潜《ひそ》んでいるとみるべきです。とても悲惨なことだと思います。

ふつうの感覚ではありえないこと

次に考えたいのは、たくさんの同胞が亡くなった同じ敷地内に、事件後も利用者がずっと暮らし続けていたことです。報道によると、その数は事件後一カ月の時点で九〇人に上っていました。あのような凄惨《せいさん》な事件が起こった場合に、利用者に障害がなかったとしたらどうでしょう。おそらく、いち早く事件現場を離れたところに暮らしの場を求めるように思います。それは、難を逃れた人の心のケアという観点からも重要なことです。決して、犠牲になった利用者から心が離れるということではないと思います。しかし、現実には行政の判断を含め、長きにわたって事件現場の敷地に住まわせていました。異常というほかありません。厚労省の見解として、「慣れた環境のほうがいいのでは」などと報道で伝えられていますが、これは障害のある人の人権や感性を本当に理解してもらっているとは思えない、デリカシーを欠いた詭弁《きべん》です。

三つめに、入所施設の問題があります。単純に入所施設をなくせばいいというようなことは思っていません。ただ、一般的にみて、障害をもたない青年や壮年が大規模な施設で長期間暮らすということはないはずです。厚労省は「施設から地域へ」と言ってはいますが、結果としてはその流れを加速できていない現実があります。

私は、九月二日に事件の現場に花を手向けに伺《うかが》いました。高尾山の麓《ふもと》に位置し、施設のすぐそばには沢がありました。大きな道路はありましたが、人の気配という点では寂しさを感じました。開設当初は、周囲に人家はほとんどなかったのではないでしょうか。タクシーの運転手によると、最寄りの鉄道駅（ＪＲ相模湖駅）からは三キロメートルということでした。こうした立地条件を含めて、入所施設がかかえる問題についても、この機会にあらためて深める必要があります。

以上三つの点が、ふつうの社会の感覚からすると不可解に思うところであり、それは事件後の今も続いています。しかし、これらは単純に不可解なだけではなくて、これから述べる事件の本質とも関係があります。それをしっかり捉えていく必要があると思います。

重なったナチス・ドイツのT４作戦

ここから、もう少し事件に分け入っていきたいと思います。まず第一に、この事件の本質にかかわる問題として、優生思想の観点を挙げたいと思います。

私は昨年、NHKの取材クルーとともにドイツを訪ねました。以前から関心のあった、ナチス・ドイツ時代にくり広げられたT４作戦の問題について取材をおこなってきました（＊注１）。T４作戦は、「価値なき生命」の抹殺《まっさつ》を容認する作戦ともいわれていました。「価値」の基準は働く能力であり、兵隊になれるかどうかも問われました。主には知的障害者や精神障害者など重度の障害者が標的にされ、医師により一酸化炭素ガスで殺害されました。作戦は第二次世界大戦が勃発《ぼっぱつ》した一九三九年九月一日付で始まり、二年後の一九四一年八月まで続き、ドイツ国内だけでも二〇万人以上が虐殺されました。

障害者専用の殺戮《さつりく》施設はドイツ全土で六カ所設けられ、計画的に殺害されたのは七万人強でしたが、そのほかに「野生化した安楽死」と呼ばれるものがあります。「野性化」とは、国家のコン

ハダマー収容所。収容者の遺体を焼却した焼却炉の跡

トロールが効かなくなった状態を指し、命令中止後も看護師や介護士がそれぞれの現場で勝手に手を下しました。毒殺や、食物を与えない飢餓殺などが主な殺害方法とされました。

このT４作戦の根拠となったのが優生思想です。優生思想とは、優秀な子孫を残し、知的あるいは身体的に劣る者を人間の操作によって消滅させようというものです。優生学や優生思想そのものは、イギリスやドイツを中心に一八〇〇年代の後半から始まったものですが、ナチスがそれを一気に加速させ、T４作戦はそのピークに位置づけられるのです。

ハダマーに建つ記念碑と筆者

この優生思想と今回の事件はオーバーラップします。今回の容疑者が、どういう経緯でこうした優生思想的な発想をもつに至ったのかについては非常に関心があります。ただし、優生思想は決して植松容疑者個人の特異な問題だけではないということです。

後を絶たない為政者の優生思想的発言

たとえば兵庫県では一九六六年から七四年にかけて「不幸な子どもの生まれない県民運動」が県主導でおこなわれ、二〇〇七年四月には、愛知県の神田真秋知事（当時）が職員の新任者教育のなかで「いい遺伝子・悪い遺伝子」と発言しています。また、二〇〇九年一一月には鹿児島県阿久根市の竹原信一市長（当時）が、「高度医療のおかげで、以前は自然に淘汰《とうた》された機能障害を持った者を生き残らせている」と述べています。有名なところでは一九九九年九月、石原慎太郎氏が都知事在職時に、重度心身障害者施設の都立府中療育センターを訪れた際、「ああいう人たちには人格があるのかね」と言いました。さらに、記憶に新しいのは昨年（二〇一五年）一一月に茨城県教育委員会の委員であった長谷川智恵子氏が「妊娠初期に（障害が）わかるようにできないのか」「県では（障害者を）減らしていく方向にできればいい」と発言するなど、公人による優生思想と関連した発言は後を絶ちません。

植松容疑者の言動は絶対に容認できませんが、一方で、彼のような思想を生んだ社会の土壌にも目を向けなければなりません。

法案の上程には至っていませんが、国会などでは尊厳死の問題も議論されています。ここでは尊厳死と重度障害者の関係がグレーゾーンになっています。最近では出生前診断の受診率が上昇し、異常とわかった人の大半が妊娠中絶しているとの報があります。これらは優生思想と同根とみるべきであり、もっと言うと、私たち一人ひとりに備わるものかもしれません。だからこそ、個々には理性が求められ、社会的には法的な規範など、社会的なシステムとしてこれを抑制する仕組みがつくられているのです。個々にも社会的にも、絶えず戒《いまし》めあうことが重要です。

影響少なくない新自由主義の潮流

二つめに、冒頭で「この事件は現代日本社会の投影である」と述べたように、容疑者の言動をみていくとき、現代の日本社会のありようが深く影響していると思います。すべてを社会に帰結させるのはどうかと思いますが、しかし間違いなく容疑者は日本社会の中にいたわけですから、社会の現実にふれないわけにはいきません。その現実とは何かといえば、度を過ぎた格差社会であり、あるいは不寛容社会といわれるような現状です。生産性、経済性、効率、速度といったものが、いつからか人間の価値を計るバロメーターになってしまいました。そこにはおのずと強い者と強くない者、物をたくさん作れる人と作れない人といった序列が生じています。グローバリゼーションの急進と相まって、多様性が損なわれ、ひとつの大きな土俵に入れられているのです。その中での競争を通じて人びとの序列化が図られ、無意識のうちに優劣が決まっていくのです。このところ、こうした考え方や価値観がすっかり社会に浸透しています。そのなかで障害者に向けられるまなざしとはどのようなものか。彼の障害者観は、そうした価値観に少なからず影響を受けているように思います。

同時に、現代の日本の障害者政策のもとでは、とくに障害者自立支援法（二〇〇六年施行）以降、たとえば施設に対する公的支援が日払い計算方式になりました。通ってきた障害者の人数の分だけお金をあげましょうという、いわば成果主義です。そうすると、経営者は毎日通ってきやすい人を優先し、重い障害のある人は避けることになるのではないでしょうか。

また、規制緩和策として、常勤換算ということで、一定の公費（自立支援給付）の枠内で常勤・非常勤の組み合わせをある程度自由にしました。そうなると、経営者はどんどん非常勤を増やしていきます。おのずと職員集団のコミュニケーション力は弱まり、教育作用も弱まって、すさまじいスピードで専門性の劣化が起こっています。明らかに、市場原理主義、競争原理が、障害者政策に表れています。こうしたことも事件の温床や遠因にあるのではないでしょうか。やまゆり園の責任者からも、そういった趣旨の発言があると伝えられています。

的外れの政府の対応

三つめの問題として、日本政府の事件後の対応が、あまりにも対症療法的なものにとどまっている点を指摘したいと思います。センセーショナルさに押され、何かしなくてはいけないという政治的パフォーマンスとしかみえません。具体的に出てきた対策としては措置入院制度の見直し、それから防犯対策を徹底しましょうということでした。

先に述べたような優生思想的な発想が生まれる土壌や、市場原理主義が生むさまざまな破綻といったものを事件の深い背景として考えながら、その上に措置入院制度のありようを見直すとか防犯対策というのがあってもいいかもしれません。しかし、それを抜きに措置入院制度がどうとか、施設の防犯対策がどうということだけでは、少しも根本問題に入っていけません。

気になるのは、日本の精神障害者政策は、常に事件とセットで動いてきたということです。たとえばライシャワー事件（＊注2）で精神病棟の病床が増えていったことや、池田小学校事件（＊注3）を受けて心神喪失者医療観察制度ができたこと。今回もまた、この事件に対する非常に感情的なリアクションとして政策が出てくるのであれば、決していいものにはならないだろうと思います。せいぜい社会防衛策の強化や、防犯対策の強化によってますます地域と施設が遠ざかってしまうようなことしか私にはイメージできません。そういう点からも、政府や厚労省の対応策には問題が多いと思います。

障害者権利条約を羅針盤《らしんばん》に

二〇一四年一月に日本政府は障害者権利条約（障害のある人の権利条約）を批准《ひじゅん》し、二〇一六年六月末に第一回目の政府レポートを国連に提出しています。障害者を差別してはならないとする世界ルールを私たちの国は手にしました。また、この四月からは障害者差別解消法が施行されています。

これらの中に、すでに答えがあります。端的に言うと、この社会のあり方を障害という視点から問い直すこと、それと同時に当面の障害者政策のあり方という、二つの面で考えていく必要があるでしょう。

社会のあり方に関しては、すでに述べた通り、現在の社会全体が過剰な市場原理主義、競争原理主義に則《のっと》った、すなわち屈強な男性中心の社会に傾斜していることを改めることです。綱引きの綱がピンと張っているとすると、真ん中の赤いリボンが強者の側にじわじわと寄っているわけですが、今回の事件を通して、また権利条約を羅針盤に、社会の標準値、中央値を見直していかなければなりません。その延長線の上で、こうした価値観に影響を受けている社会保障政策や社会福祉政策、障害者政策を正道に戻していく必要があります。

かつて国連は、国際障害者年（一九八一年）に関連した決議文で、「障害者をしめ出す社会は弱く脆《もろ》い」と明言しました。残念ながら、今回の事件は日本社会が「弱く脆い」ことを露呈してしまいました。それを改めていく上での羅針盤になるのが権利条約です。ごく一部になりますが、大切な条項をみていきたいと思います（巻末資料も参照）。

第一七条には、「すべて障害者は、他の者との平等を基礎として、その心身がそのままの状態で尊重される権利を有する」とあります。非常に短い条文ですが深い意味をもちます。日本国憲法第一三条の「すべて国民は個人として尊重される」とも重なります。言わずもがなですが、個人の尊重という大原則を、あらためて私たちは見つめなおすべきです。障害のある人でいえば、無理に健常な人に合わせる必要はないのです。

権利条約の第八条には、おもしろい言葉があります。「（締約国は）障害者に関する定型化された観念、偏見及び有害な慣行と戦う」とうたっています。批准した条約は一般法律よりも上位に座るとされ、そういう意味では政府みずからも、障害のある人への差別や偏見とたたかわなければなりません。私たちの社会は権利条約から多くを学ぶ必要があります。誤った考え方を正し、本来の理念を打ち建てなおすべきだと思います。

その上で重要になるのが、財政の裏打ちです。財政の危機にあって、障害分野を含めて社会保障や社会福祉の予算削減が声高に言われています。一見もっともらしく聞こえますが、そうではありません。削減の前にすべきことは、GDPに占める社会保障や社会福祉の予算の分配率がまともかどうかをはっきりさせることです。障害関連予算でいうと、この予算の分配率はOECD（経済開発協力機構）諸国の中で低位に甘んじています。これを少なくとも平均ぐらいにもっていくべきです。これだけで大幅な予算増が見込めます。予算を決定する国会にあって、また予算案を作成する政府にあって、もっとこの点を考えてほしいと思います。「施設から地域へ」「医療中心から地域生活へ」を加速していくためにも、こうした考え方のもとでの財政の裏打ちが大切になります。

戦後史の中で見ても、この事件は国家的な重大事件と言っていいのではないでしょうか。国を挙げて考えていいと思います。たとえば国会での集中審議もそのひとつです。多様なメンバーで検証作業をおこなうのもいいと思います。

とてもつらく不幸な事件でしたが、この問題から社会のあり方を問い直し、障害関連政策を含む社会保障や社会福祉の新たな方向を探っていければと思います。国会や政府がその先頭に立ってほしい。このことを具体化していくことが、一九人の御霊《みたま》に報いる道ではないでしょうか。

＊注1　ＥＴＶ特集「それはホロコーストの〝リハーサル〟だった——障害者虐殺七〇年目の真実」として二〇一五年一一月七日放映。相模原事件の後にも再放送された。

＊注2　ライシャワー事件……一九六四年三月に、駐日アメリカ大使エドウィン・ライシャワーが当時一九歳の男にナイフで刺され重傷を負った事件。容疑者に精神科治療歴があったことから国会でも議論を呼び、翌六五年に精神衛生法が改正された。この改正で、保健所による在宅精神障害者への訪問指導の強化、精神衛生センターの設置、通院医療費公費負担制度のほか、警察官等による通報・届出制度が強化され、自傷他害の程度が著しい場合の緊急措置入院制度が設けられた。

＊注3　池田小学校事件……二〇〇一年六月、大阪教育大学付属池田小学校に侵入した男が無差別に児童を刺し、児童八名が死亡、児童一三名と教員二名が傷害を負った事件。容疑者に措置入院歴があったことから、心神喪失で重大な他害行為をおこなった者の処遇が議論され、二〇〇三年に心神喪失者等医療観察法が制定された。

2　相模原障害者施設殺傷事件に潜む「選別」と「排除」の論理

福島　智《さとし》（東京大学先端科学技術研究センター教授）

一九種類の献花

ユリの甘い香りがします。菊のひかえめな香り。カーネーションの明るい香りも……。そっと手でふれると、いくつもの花束が、献花台に供えられていました。

神奈川県相模原市にある知的障害者施設「津久井やまゆり園」の正門のそばです。二〇一六年八月二六日の午後でした。残暑の日差しは強く、気温も三〇度を超えているようです。

そのときの私の服装は黒のスーツの上下とネクタイ姿でしたので、体は熱く、汗にまみれています。それなのに、気持ちはシンと静まりかえり、空っぽの心を冷たい風が吹きぬけていくようでした。

私も持参した花束を供えます。リンドウ、トルコキキョウ、カラーといった白色系の花が一〇種類。それに薄いグリーン系のスプレー菊、カーネーション、ケイトウ、紫のバラなど、淡い色が九種類。私には花の種類のことなどわかりませんが、「白の花で一〇種類、淡い色で九種類。一九種類の違う花で花束を作ってほしい」と、最寄りの高尾駅そばの花屋に事前に頼んで準備してもらいました。

ちょうどひと月前の七月二六日未明、この施設で刃物による大量殺傷事件が起きました。死者一九人、重軽傷者二七人という戦後最悪の惨劇です。亡くなったのは、一九歳から七〇歳までの女性が一〇人と、四一歳から六七歳までの男性が九人。一九人全員が知的障害者、および知的障害に他の障害も併せもつ重度の障害者でした。

亡くなった一九人がたまたま重度の障害者だったのではありません。容疑者の供述や職員の証言などから推測されるのは、「意思の疎通に困難をともなうような重度の障害者」であるからこそ選択的に殺害した、という経緯です。

亡くなった人たちの氏名は公表されていません。性別と年齢の幅がわかるだけです。それはあまりにも悲しすぎることです。どんなに障害が重くても、一人ひとりの被害者にはそれぞれ異なる体験があり、人生があったはずです。

たとえ通常の意味での言葉のやりとりが難しくても、表情の変化やちょっとしたしぐさ、視線の動きなどで気持ちは周囲に伝わるものです。彼ら、彼女らはみな、好きな人や楽しい時間、嫌なことについて、表現していたに違いありません。そして、周囲の人やご家族にとって一人ひとりがかけがえのない存在だったはずです。

一九人全員が、それぞれ異なる個人です。そう思い、せめて供える花だけでも別々のものにしたいと考え、女性向けに白い花を一〇種類、男性向けに淡い色の花を九種類準備したのでした。

犯行を構成する三つの要因

ところで、一般に犯罪行為が成立するためには、次の三つの要因が関連するといわれます。第一は「容疑者に犯行の動機があること」、第二は「犯行を実行するための手段や能力を容疑者がもっていること」、そして第三は「現実に犯行におよぶための機会が容疑者に与えられていたこと」の三つです。

では、これら三つの要因を、今回の事件に当てはめるとどうなるでしょうか。

まず、もっとも重要なのは、第一の要因である「動機」です。

「重度の障害者は生きていても仕方がない。安楽死させたほうがいい」

こうした意味のことを、植松聖《さとし》容疑者は、かつて自身も働いていた津久井やまゆり園の職員など周囲の人たちに語っていました。さらに警察でも同じ趣旨の供述をおこなったとされています。にわかには信じがたいような「動機」ですが、犯行から三カ月以上が経過した現時点でも、当初社会を震撼させたこの「動機」についての報道は否定されていません。これについては、また後で詳しく検討します。

次に、「手段」についてはどうでしょうか。植松容疑者はハンマーや複数の刃物のほか、職員を縛るための結束バンドを用意するなど周到な準備を整えています。しかも、そもそも犯行現場となった施設は、自分がかつて働いていた職場です。したがって、建物の配置や内部の構造なども熟知していたと思われます。つまり、犯行のための「手段」は十分にもっていたわけです。

そして、「機会」。植松容疑者は、四六人の障害者らを殺傷するのに、約五〇分しかかけていなかったとされます。なぜ、このような短時間に、これほど多数の障害者を殺傷する「機会」が彼に与えられたのでしょうか。そのもっとも大きな理由は、犯行現場が大規模な「入所施設」だったということにあるでしょう。当夜も、およそ一五〇人の入所者がいたといわれています。つまり、近接した場所にこれほど多数の重度障害者が密集して生活しているという状況自体が、今回のような犯行の「機会」を容疑者に提供したという点は否定できないでしょう。

その意味で、重度障害者が大規模施設で生活するのではなく、地域の小規模なグループホームや居宅で安心して暮らせるようにすること。そうした社会をつくることが、今回のような犯行を防ぐうえで大切な取り組みになると思います。

事件直後の私の思い

二〇一六年七月二六日。このころ私は、以前発症した「適応障害」（うつ症状）が再発して、病気療養をしていました。

そして、ちょうどこの日の午前中は、自宅からかなり離れた場所にある病院の精神科を受診していました。午後帰宅して、点字対応のパソコンでメールを確認していると、知人たちのメールの中に気になるフレーズがありました。

「今朝の事件」「相模原の障害者施設での惨事」……。

何があったのかと思い、ネットニュースを読んで、戦慄《せんりつ》しました。すぐに大学の私の研究室にメールして、新聞やテレビ、ネット上のニュースやＳＮＳへの書き込みなど、可能な限りの情報を入手してくれるようにスタッフたちに頼みました。

たいへんな事件が起きてしまった。なぜ、こんな恐るべき犯行が起こりうるのか。私たちは、私は、いったい何をどうすればよいのか……。もともと体調の影響で夜の寝つきが悪かったところに、この事件のことが心の中で渦巻き、その日の夜は眠れませんでした。

そして翌七月二七日の明け方、毎日新聞社の旧知の記者に、私のまとまらない思いをメールしました。すると「紙面に掲載したい」との返事があり、担当の記者を紹介してくれました。

それから、その日（二七日）は深夜まで担当記者とのやりとりと、研究室スタッフに集めてもらった資料を読む作業とを同時並行に、あるいは交互におこないました。

七月二八日、「毎日新聞」夕刊に掲載された私の寄稿（インターネットでは二八日一三時一四分配信）は、次のような書き出しです。

――「重複障害者は生きていても意味がないので、安楽死にすればいい」。多くの障害者を惨殺した容疑者は、こう供述したという。

これで連想したのは、「ナチス、ヒトラーによる優生思想に基づく障害者抹殺」という歴史的残虐行為である。ホロコーストによりユダヤ人が大虐殺されたことは周知の事実だが、ナチスが知的障害者らをおよそ二〇万人殺したことはあまり知られていない。――

ここまでは植松容疑者の供述として伝えられている内容と、そこから私が連想したことの記述です。なので、私の草稿のままで、ほぼ問題がありませんでした。しかし、その次の部分で、担当記者やデスクと私とのあいだで少しやりとりが生じました。

というのも、植松容疑者の犯行動機とナチス・ヒトラーの思想や行為とを直接的に結びつけるような、かなり強い調子の推測を、私が草稿で書いていたからです。

新聞はできる限り正確な事実の報道をめざす媒体です。たとえ寄稿とはいえ、まだ確認されていないことを断定的な調子で記述するのには抵抗があったのだと思います。

今から考えれば、それはもっともな判断だと思えるのですが、そのときの私の思いとしては、「障害者は安楽死させたほうがよい、などという発想は、まさにナチス・ヒトラーの考え方に通じる。容疑者は、どこかでナチスに感化されたのではないか」というものでした。それで、表現をややぼかすようにしつつ、しかし「ナチス・ヒトラー」との結びつきを記させていただきました。その結果、寄稿の続きは次のようになりました。


——一方、現代の世界では、過激派組織「イスラム国」（ＩＳ）の思想に感化された若者たちによるテロ事件が、各地で頻発している。このような歴史や現在の状況を踏まえた時、今回の容疑者は、ナチズムのような何らかの過激思想に感化され、麻薬による妄想や狂気が加わり蛮行に及んだのではないか、との思いがよぎる。——

当事者たちの思い

ところが、私のこの「思い」は、最悪のかたちで的中してしまいます。

二八日の夕刊が配られるのとほぼ同じころ、ＮＨＫなど一部のメディアで「植松容疑者は二月に措置入院した際、『ヒトラーの思想が二週間前に降りてきた』と話していた」という驚くべき報道がなされ、翌日には各メディアもいっせいにそれを報じました。ナチス・ヒトラーの思想の影響を、これほど明確なかたちで容疑者自身が供述するなどとは予想もしていなかったので、私は背筋の凍りつく恐怖感に襲われました。

盲ろう者である私は、視覚と聴覚に障害のある「重複障害者」にほかなりません。一人で外出することはできないので、通訳・介助者と呼ばれる支援者に同行してもらいます。その多くは女性です。もし今回のような凶器を携えた容疑者の標的にされたなら、私も支援者もともに殺傷されかねません。

私の障害のある知人たちはみな、等しく今回の事件に恐怖と不安を感じるとともに、憤《いきどお》りを覚えると訴えています。たとえば、電動車いすを使っているある友人は次のように話しました。「私たちが街を安全に移動するためには、バリアフリー化などの環境面での整備も必要ですが、それ以前に、道ゆく人々に対する信頼が不可欠です。今回の事件によって、そうした他者への根本的な信頼の土台を打ち砕かれてしまったような思いに包まれます」

逆に、植松容疑者に精神科への措置入院の経験があることから、精神疾患や精神障害をもつ人たちのなかには、自分(たち)が植松容疑者という加害者の側と同一視されかねないという恐れを抱いている人たちもいます。また、精神医療の役割や精神保健福祉の取り組みが、「防犯」施策と直接接続されて、その結果、精神障害者の地域社会からの排除や、「社会防衛的な管理体制」の強化につながるのではないか、という強い懸念も広がっています。

事件後、政府がとりまとめを急ぐ「対策」の検討過程や審議の内容を見る限り、こうした「恐れ」や「懸念」は決して杞憂《きゆう》とは言えないことが明らかとなりつつあります。

事件発生からちょうど一週間経過した八月二日。軽度の知的障害のある三〇代の女性から、私は次のような内容のメールをもらいました。以下、一部、読点を補いましたが、そのほかは原文のままです。

「お久しぶり、お元気ですか？　本当に私、相模原事件について、私かなりつらいです。植松氏、言葉、手紙、私、障害者いらない言葉、心壊れます」

衆議院議長への容疑者の手紙

さて、この知的障害のある女性が「手紙」と書いているのは、植松容疑者が大島理森《ただもり》衆院議長宛てに書いたものとして、複数のメディアで紹介された手紙のことでしょう。容疑者は二〇一六年二月、衆院議長公邸にその手紙を持参したとされています。以下は二〇一六年七月二七日、「東京新聞」朝刊に掲載された、その手紙の内容の一部です（表記は原文のまま）。

（前略）私は障害者総勢四七〇名を抹殺することができます。

常軌を逸する発言であることは重々理解しております。しかし、保護者の疲れきった表情、施設で働いている職員の生気の欠けた瞳、日本国と世界の為と思い、居ても立っても居られずに本日行動に移した次第であります。

理由は世界経済の活性化、本格的な第三次世界大戦を未然に防ぐことができるかもしれないと考えたからです。

私の目標は重複障害者の方が家庭内での生活、及び社会的活動が極めて困難な場合、保護者の同意を得て安楽死できる世界です。

重複障害者に対する命のあり方は未だに答えが見つかっていない所だと考えました。障害者は不幸を作ることしかできません。（後略）

この後、植松容疑者は「作戦内容」と称して、「職員は結束バンドで身動き、外部との連絡をとれなくします」「抹殺した後は自首します」などと、きわめて冷静に書いています。そして、ほぼその「作戦」通りに犯行におよんだのです。

植松容疑者のこの手紙の内容は、言うまでもなく、容認できるようなものではありません。非常に偏った、しかも、きわめて非人間的な主張です。

しかし見逃せないのは、「常軌を逸する発言であることは重々理解しております」と、みずからの主張の「異常さ」を彼が自覚している点です。さらに、その後に続く「（重複障害者の）保護者の疲れきった表情、施設で働いている職員の生気の欠けた瞳」という表現にも留意すべきだと思います。なぜなら、みずからの犯行が、あたかも保護者や施設職員のためにおこなう「正義」であるかのように主張していることがうかがわれるからです。

実際、事件後、インターネット上には、植松容疑者の考えに賛同したり、その犯行を賞賛するかのような書き込みが少なからず見られます。また、一一月には岡山県で、植松容疑者を模倣したような、障害者施設襲撃を予告する内容の電話による脅迫事件も発生しています。

もうひとつ、私が注目したいのは、植松容疑者が犯行の「理由」として、「世界経済の活性化、（および、それによって）本格的な第三次世界大戦を未然に防ぐことができるかもしれないと考えたからです」としている部分です。

彼は「障害者は不幸を作ることしかできません」と述べて、保護者や施設職員のために「作戦」を実行するだけではなく、「世界経済の活性化」のために、障害者を抹殺する取り組みを、世界に先駆けて日本から始めるべきだと考えています。

このことは、次の報道の内容からもうかがうことができます。

相模原市によりますと、植松容疑者はことし二月一九日、警察からの連絡を受けた相模原市の職員と面談した際、（中略）「世界には八億人の障害者がいる。その人たちにかかるお金はほかに充《あ》てるべきだ」などと話していたということです。（ＮＨＫニュース「植松容疑者　措置入院中に『ヒトラーの思想がおりてきた』」二〇一六年七月二八日一五時三六分）

「ヘイトクライム」と「優生思想」の二重性

さて、以上見てきたことから、今回の事件にはいくつかの要因が複雑に絡みあっていることがうかがえます。私は、それらの複数の要因を整理すると、この事件の本質には「二種類の二重性」が潜んでいるのではないかと考えています。

その第一は、「ヘイトクライム」と「優生思想」の二重性です。植松容疑者は、「重度（重複）障害者は安楽死させたほうがいい」という趣旨の考えをもっています。こうした考えに基づいた犯行には、「ヘイトクライム」と「優生思想」の二重の性格があると思われるからです。

ヘイトクライム（憎悪犯罪）とは、民族や肌の色、信仰する宗教の違いなどによる差別を理由とする犯罪のことです。今回の事件は、「障害」という属性（性質）をもった人たちが憎悪の対象になったといえるでしょう。

他方、優生思想とは、人類の「悪質な遺伝」を淘汰《とうた》し「優良な遺伝」を保存することをめざす考え方で、人間の命に優劣をつける思想です。ここでの「優劣」の基準ははっきり決まっているわけではありません。特定の民族が「劣っている」とされたり、ある種の病気や障害のある人が「劣っている」とされたりします。優生思想の恐ろしいところは、それが現実の政治や政策に影響を与える危険性のある思想だという点です。

前述したように、ナチス・ドイツは第二次世界大戦中、優生思想に基づきユダヤ人をおよそ六〇〇万人虐殺しました。そして「生きるに値しない生命」として、知的障害者や精神障害者などをおよそ二〇万人抹殺しました。

しかし、これはナチスだけの問題ではありません。優生思想は第二次大戦後も、世界各国で生き延びてきました。たとえば日本では一九四八年制定の「優生保護法」が代表的です（巻末資料に所収）。一部の障害者やハンセン病患者などが子どもをつくれないように、強制的に手術（断種手術）をされました。一九九六年に「母体保護法」に改正されましたが、優生思想的側面が完全になくなったとは言えません。

たとえば、現在も「出生前診断」で胎児に障害があると判明した場合、堕胎手術を受ける例は少なくないといわれます。厳密にいえばこれは違法なのですが、母体保護法の「経済的理由」（経済的に育てられないので）という条文に当てはめて、実質的には母親の希望や医師の裁量などでおこなわれています。

さらに最近では、母親の血液検査だけで簡易診断が可能な「新型出生前診断」も普及する兆候が見られています（『AERA』二〇一六年一〇月三一日号）。

つまり、優生思想は、今の社会にも根深く存在しているということです。

「生物学的殺人」と「実存的殺人」の二重性

第二の二重性として、今回の事件、とりわけ一九人の重度障害者の殺害には、「生物学的殺人」と「実存的殺人」という「殺人の二重性」が潜んでいると私は考えます。

ここでいう「生物学的殺人」とは、一般的な意味での殺人のことです。つまり人の肉体的な命を、物理的に奪う行為ということです。

それに対して「実存的殺人」とは、重度の障害をもつ人の、人間としての尊厳や生きている意味そのものが否定されたということです。

植松容疑者は、障害の重い人たちを優先的に襲ったとみられています。つまり容疑者にとって殺害の対象は「重度障害者」という「属性」をもった人間なら誰でもよかったのです。言い換えれば、彼にとって「重度障害者」は生きる価値がないという意味で「誰でも同じ」だったわけです。

しかし、障害があってもなくても、「(誰でも)同じ人間」などいるはずがありません。一九人の重度障害の人たちには一九通りの人生があり、家族があり、それぞれ異なる具体的な体験があるはずです。

それらがすべて無視され、重度障害者なのだからそもそも生きる意味がない、生きる資格がない、と決めつけられたことを、「実存的殺人」という言葉で表現したいと私は思います。

このように、今回の事件の背景には、二種類の「二重性」が潜んでいるのではないかと思います。

事件の根底にあるもの――「選別」し「排除」する現代社会の論理

それではなぜ、植松容疑者のような考えをもつ人間が現れたのでしょうか。はたして彼だけが特殊で、例外的な存在なのでしょうか。私は必ずしもそうではないと考えています。

前述したように、植松容疑者は衆議院議長に宛てた手紙で、重度障害者を抹殺する理由のひとつとして「世界経済の活性化」を挙げています。つまり、重度障害者の存在は活発な経済活動や経済成長にとってマイナスになる、だから抹殺するのだ、というのが犯行の動機の重要な鍵のひとつだということです。

これは何にも増して、ときには人間の命よりも、経済的な価値を優先させるという考え方です。こうした考え方が彼の中で生じた背景には、今の日本社会の中に、経済活動を何よりも優先させるという風潮があることが関係しているのではないでしょうか。つまり、人間の価値の優劣を、品物やサービスを生産する労働力や生産効率で決めてしまうという風潮です。

こうした風潮は、大人による労働の場だけでなく、たとえば子どもや青少年が長く身をおく学校教育の場にも「逆流」する危険性があるでしょう。たしかに学校では、直接的に労働力や生産能力が問題になることはありませんが、その代わりに成績や偏差値の高低が、生徒や学生の優劣を決めてしまいます。

つまり、成績や偏差値が非常に低い子どもたちは、まるで存在価値がないかのようにあつかわれたり、自分でもそう思ったりしてしまう。そうした傾向はないでしょうか。なお、植松容疑者は学校教員を志望しつつ、結局それが果たせなかったという経歴をもっていると伝えられています。こうした社会や学校での風潮や傾向が、植松容疑者の考え方に、なんらかの大きな影響を与えたのではないかと私には思われます。

それでは、こうした社会にあって、今回のような事件につながりかねない思想や風潮を克服するために、私たちは何をどう考えればよいのでしょうか。

まず、人が人に抱く「差別意識」とは何かについて、「障害」を念頭において真剣に議論することが大切だと私は思います。

そもそも、障害者に対する差別の問題は、他の差別問題とは異なる面があると思います。たとえば、人種の違いによって生じる差別意識は、肌の色や骨格や容貌の違いなどによって引き起こされる、なんら本質的な根拠のない「上辺にとらわれた」差別です。女性差別も、一定の肉体的・生物学的な条件の違いはあるものの、現代社会においてもっとも重視される能力である知的能力に関しては男女間に何の差もないため、やはり本質的な根拠はありません。したがって、これらの差別は、少なくとも理論的には、いずれ克服可能な差別だと思われます。

一方、重度の障害者、とりわけ重度の知的障害者への差別とは、現代社会に要求される生産能力（知的能力）の低さに対する差別です。

現代社会で要求される生産能力は、記憶力・情報処理力・コミュニケーション力などに代表される、知的諸能力に基礎をおいています。こう考えると、私たちの中に、重度の障害者への差別は「差別ではない。当然の区別だ」と考える意識が生まれるのではないでしょうか。

しかし、大切なのはここからです。こうした障害者の「（知的）能力の低さ」をどうあつかうかは、障害のない人間どうしでの能力の差をどう考えるかということと、根っこはつながっています。

ここで容疑者の犯行について再度考えてみましょう。たしかに容疑者の考えは極端であり、その犯行は残酷で恐るべきものです。しかし、私たちと容疑者がまったく無関係だとは言い切れないと、私たち自身が心のどこかで気づいてしまっている面があるのではないでしょうか。

容疑者は、重度障害者の存在は経済の活性化を妨害すると主張していました。しかし、こうした考えは、私たちの社会にも一般的に存在しているのではないでしょうか。労働力の担い手としての経済的価値で人間の優劣が決められてしまう。そんな社会にあっては、重度障害者の存在は大切にされず、軽く見られがちです。

でも本当は、障害のない人たちも、こうした社会を生きづらく不安に感じているのではないでしょうか。なぜなら、障害の有無にかかわらず、労働能力が低いと評価された瞬間、仕事を失うなどのかたちで、私たちは社会から切り捨てられてしまうからです。

では、私たちは何を大切にすればいいのでしょうか。人間の能力の差をどう考えればよいのでしょうか。そもそも、人間が生きる意味とは何でしょうか。

こうした論点を真剣に議論する。今回の事件を自分の問題として考える。そうした議論を積み重ねる努力が、障害者を含めて誰もが排除されない社会、孤立した存在を生み出さない社会をめざす営みにつながっていくのだと思います。

わたしたちには、夢も生きがいもある

三宅浩子　知的障害当事者、社会福祉法人 夢21福祉会（神奈川県横浜市）

わたしは三宅浩子ともうします。四六さいです。知的障害者です。横浜のグループホームでくらし、作業所での仕事はお豆腐の製造と販売をしています。

今回の事件のはんにんは「障害者はいなくなればいい」という言葉を言っていますが、それはあまりにもひどいとおもいました。

同じ障害のあるなかまが「おなじ考えの人が僕をさがしにくるんじゃないか」と言っているのをきいて、こわくなりました。みんなもこわがっています。

わたしには将来の目標があります。手話をべんきょうして、しかくを取ることです。そのために、本をかって毎日、グループホームへ帰ってからべんきょうしています。また、楽しみはHｅｙ！Ｓａｙ！ＪＵＭＰのコンサートに行くことです。きっと殺された人たちにも、目標や楽しみがあったと思います。こんな人がいたんだと知ってもらうために、わたしは今日ここに立っています。

まだまだ、障害は社会にりかいされていません。わたしは話もできるし、見た目もけんじょうしゃとかわりません。だけど計算がにがてで、豆腐屋で一万円を出されるとこまってしまいます。おつりの計算に時間がかかってしまうと、お客さんに大きな声で「はやくしろよ」と言われてしまうことがありました。ご飯も食べれないくらい落ち込みました。障害のためにできないことがあるのに、それを理解してもらえないのがげんじょうです。だからこそ、お豆腐の販売では、近隣の高校の学園祭で生徒さんにきょうりょくしてもらい、一緒になって模擬店でお豆腐やかりんとうを売ったり、小学校の秋祭りに参加したり、地域ケアプラザではとうふ教室をひらいて、楽しみながら地域の人に理解してもらうために、わたしたちもがんばっています。

事件のひがいしゃの家族も、きっと今までたくさんの差別や偏見に苦しんできたと思います。障害が社会にりかいされないまま障害者の名前や顔が出ても、その人たちが正しくりかいされるとは思えません。今回のように新聞などに顔や名前を出さないのは、きっと家族はそんなへんけんや差別からこどもを守りたいんだと思います。わたしの両親も、わたしの障害を周囲にりかいしてもらおうと、いつもがんばっていました。

わたしはこれからも、障害者をみんなに知ってもらうために、こうして顔も名前も出していきます。さいきんでは、鉄道えんせんのじょうほうしに私がはたらいているお店がとりあげられることになり、仲間と一緒にしゅざいをうけました。そしてちいきの人たちとのつながりも大切にしていきたいと思っています。今回の悲しい事件をきっかけに、少しでも障害者が安心、安全に地域でくらしていけることを願います。

（二〇一六年九月二八日、日本障害者協議会主催の追悼・緊急ディスカッションでの発表原稿に加筆）

相模原事件で思うこと

橋本　操　ＡＬＳ当事者

わたしはＡＬＳ（筋萎縮性側索硬化症）という難病をもつ重度重複障害者です。わたしがはじめて障害者と出会ったのは一〇歳の冬でした。脳性まひのお兄さんと同じ病院にひと月入院していて、毎日お兄さんが脚で折り鶴を折ってくれるのです。その見事な出来栄えと、くれるばかりの嬉しさは今も鮮明に覚えています。

日本では障害者は信じられないほど差別をされています。小学校の二、三年からインクルーシブ教育が導入されていれば、わたしのように障害者を尊敬する文化が生まれていたはずです。

わたしがＡＬＳという難病を患い障害者になったのは三二歳で、発症して三〇年以上経ちますが、ケアスタッフのおかげでこうして原稿も書けています。人工呼吸器をつけて二四年目なので、さすがに体力の衰えは自覚しています。

ＡＬＳとは、手足・のど・舌の筋肉や呼吸に必要な筋肉がだんだんやせて力がなくなっていく病気です。しかし筋肉そのものの病気ではなく、筋肉を動かし、かつ運動をつかさどる神経（運動ニューロン）だけが障害をうけます。その結果、脳から「手足を動かせ」という命令が伝わらなくなることにより、力が弱くなり、筋肉がやせていきます。その一方で体の感覚、視力や聴力、内臓機能などはすべて保たれることが普通です（＊注）。

病状の進行は個別的ですが、わたしはわたしの進行がもっともスタンダードであると考えます。

はじめて事件のニュースに接して、一番驚愕したのは「拘束具」という言葉でした。まず拘束具の使い方から調べはじめましたが、一般の高齢者施設でも使われていることに、さらに驚きました。同意書が必要なことから、家族も共犯であると考えます。

家族といえば、数年前の支援費の説明会で、遠くの施設に障害者・児を預けている人々から出た質問のほとんどが年金や手当のことでした。今回の津久井の事件でも、同様の背景と経緯があると想像します。

障害児が家にいることはそれほどいけないことですか。

友人の在宅独居の知的障害者は、僕はバスに一五分乗ると一人で帰れないとか、新聞の勧誘が断れないので、一人は嫌だと言っています。

この事件で親族が出て来ないのは、差別以前に金銭的な問題があるのではないでしょうか。山奥に捨てられて、金銭も搾取されていることは十分に想像されます。この問題の解決は、まず金の流れを変えることにあります。

すべての被害者に平穏な日々が戻るように祈っています。

＊注　難病情報センター http://www.nanbyou.or.jp/entry/52 の解説より。

相模原事件の根底にあるもの

鬼塚瑠美子　障害者家族、かしはらホーム（福岡県福岡市）親の会

事件から二カ月半あまりが経過した。かしはらホームでは、事件の影響も感じられず、いつものように穏やかな生活が営まれている。

かしはらホームは知的障害者の入所施設として二〇〇三年に開所した。現在四八名の仲間が生活している。この施設の開設までに、仲間、職員、親たちが協力して毎年バザーを開き、資金づくりをしながら建設にこぎつけた大切な施設である。親は高齢化で平均年齢は七〇歳を超えているが、仲間のために生きている限り、この施設を守っていかなければならない。

事件が親たちの間で話題になることもなかったのは、口にするのが憚《はばか》られるほどの惨事であったからだ。それにしても、平成になって最悪の大量殺人事件であり、それも障害者が標的にされたのに、この国のトップはいまだに何らメッセージを出さないのも寂しいことである。

仲間と生活時間を共にし、仲間たちがもっとも頼りにする職員が加害者だったことが、親にとってもっともショックが大きかった。この容疑者は恵まれた環境で育ち、大学で教員免許を取得し、教育実習では児童生徒に人気があったということである。希望の教職に就けず、介護の職場についたのは食べるためであり、人が人を介護するという職業倫理観はさらさらなかったのであろう。障害者をお

世話する仕事は、障害への理解と覚悟がないと困難な仕事である。その故か、社会福祉の世界は常時人手不足であり、なかなか人材が集まらない。職場の研修も十分になされていたのか、大きな疑問である。

さらに問題なのは容疑者の優生思想である。学校や職場、地域で時間をかけて人権教育を長年受けてきたにもかかわらず、何故このような考えに共鳴したのだろうか。日本における障害者差別思想は、ハンセン病患者への差別、部落差別等、さまざまな人権差別とつながっていると感じる。地方に行けば、障害者が生まれると家の奥に閉じ込め外に出さない家もいまだにあると聞く。臭いものには蓋《ふた》をする、家の恥は隠すといった、日本独特の差別思想の風土が根強く残っている。

障害者を子どもにもつ親たちは声高に言わなくとも、一人ひとりと話すと皆一様に、他人よりも身内による悲しい差別に遭っている。葬式に連れてくるな、結婚式に連れてくるな等、子どもの存在を否定される言葉を親兄弟、身内から言われたという話を聞くとやりきれない思いになる。なかには「わが家の家系にはこんな子どもは生まれない」とあからさまに言われ、生涯傷ついた心を背負って生きなければならない親もいる。

一〇年前カナダを旅行したとき驚いたことがある。この国は多民族国家であり、障害者が自然に社会にとけ込んでいることだった。日本のようにぶしつけな視線を浴びせる人はいない。この犯罪は日本でこそ起こるべくして起きたものだったのかもしれない。

私どもの息子は、生まれながらの知的障害と視力障害の重複障害者である。息子の障害がわかったとき、夫は彼にもうひとつの名前である「お宝」を命名した。わが家に降りかかる災難を、この子が一身に引き受けて生まれてきてくれたのだという思いからである。幼いときからお宝と呼ばれ、どこにでも連れ回し、おかげで外出とお買い物が大好きな大人に育った。暑い陽射しも雨も構わない。外には彼自身が満たされる世界があり、町の喧騒《けんそう》やさまざまな音を楽しんでいるのだ。

息子は家を一歩出ると子どもたちの視線を浴びることになる。なかには息子の顔を覗《のぞ》きこむ子どももいる。このとき、差別をする子どもの親も、差別を受ける子どもの親も、覗き込む子どもに教育（しつけ）をすることができない。これが日本における人権教育の中味である。

日本は国境のない島国であり、歴史を見れば鎖国を経験した。自分と違うものを受け入れるには、まだまだ長い時間がかかるのであろうか。

事件後、中学生になる脳性まひの娘を育てている近所の若い母親は、「これからは娘の外出も考えねば」と言っている。「障害者は税金の無駄遣い」という容疑者の主張に同調する世間の声もあるからだ。私たちの息子も、新たな世間の厳しい視線を受けることになるのだろうか。

日本は経済大国としてもてはやされ、豊かな国のイメージをもたれるが、一方で心はまだまだ発展途上の貧しい国なのである。

相模原障害者殺傷事件について思うこと――障害者家族の立場から

喜多　徹　医師、障害者家族

今回の相模原障害者施設殺傷事件、誰もがおぞましく恐怖心を抱く事件でしたが、私自身は内科の開業医であり、三一歳になる知的障害のある娘をもつ親の立場でもあります。まずは、その障害者の親の立場で考えてみました。

最初に思い浮かんだのは、七〇年前のナチス・ドイツのT４作戦です。この作戦は、第一次世界大戦直後、ドイツで精神科医ホッヘらによって書かれた著作『生きるに値しない命を終わらせる行為の解禁』を根拠として、一九三九年ごろより終戦まで、二〇万人以上の障害者や精神病患者などを虐殺し、後のユダヤ人などに対するホロコーストにつながったナチスの残虐行為です。今回の容疑者が事件前に衆議院議長に渡そうとした手紙などから、この作戦を知っていた、あるいは共感した可能性が高いことが考えられます。まさに七〇年の歳月を超えて、この思想が甦《よみがえ》ったという戦慄を感じます。

つまり、障害者や家族にとってみれば、異常な精神構造をもった犯人の特異な犯罪と片づけるわけにいかず、「生きるに値しない命」との言葉が胸に突き刺さるのです。

さらに、不安は最近の安倍内閣の政策に及びます。安倍内閣は国家主義的傾向が強い上に、新自由主義的な、経済成長至上主義のような政策、「一億総活躍社会の実現」などをかかげています。そうしますと、競争社会についていけない人々、活躍したいと思ってもできない者、ズバリ障害者が当てはまると思いますが、かれらはどうすればよいのでしょうか。「国家に貢献しない障害者を、このまま税金を使って生かし続けることはいかがなものか」といった考えが、世の中に広がっていくのではないか。そんな重苦しい不安感が広がるのです。

もう一点、とても気になるのは、事件発生以来今日まで、死傷者の氏名がメディアで公表されていないことです。社会通念上、事件の被害者は、本人家族の強い希望がなければ、その氏名を公表されるのが常識です。今回、障害者施設の入所者だから公表しなかったという警察当局の配慮だそうですが、既存の概念にとらわれているというか、たいへん残念なことだと思います。

今回の事件は結局、この国の人権感覚の鈍さを図らずも暴露してしまったのではないでしょうか。一般国民から政治家、官僚、メディア関係者まで、この人権感覚の欠如には情けなくなります。

最後に、一開業医として思うのは、この事件についての医師、とくに開業医の関心もとても薄いことです。医療人は障害者の人権を守る第一線の立場なのに、誠に残念なことです。私自身、「人権を守る担い手」として、牛の歩みではありますが、前に進んでいきたいと思います。

3　精神科医の立場から相模原事件をどう見るか

香山リカ（精神科医、立教大学現代心理学部教授）

はじめに

相模原市の「津久井やまゆり園」での事件に関して、精神科医として語ることができる（語るべき）ポイントは次の三点であろう。

（1）容疑者の精神病理やそれと犯行との関係について
（2）事件後の厚労省の「再発防止策検討チーム」について
（3）この事件に象徴される社会病理について

以下、順に論じたい。

1　容疑者の精神病理やそれと犯行との関係について

まず（1）について述べてみよう。容疑者は後述する衆議院議長への書状を手渡しに行った後、当時勤務していた津久井やまゆり園の園長と面談をおこなったが、その際、施設側の要請で出動し待機していた警察官に「日本国の指示があれば（障害者を）大量抹殺できる」などとくりかえし発言したため、警察官通報によって相模原市が「緊急措置診察」の指示を出し、それに従って診察した医師が「躁病」との診断で「緊急措置入院」となっている。またその後、相模原市の職員が立ち会って二名の医師による「措置診察」がおこなわれ、一人の医師は「主たる精神障害を『大麻精神病』、従たる精神障害を『非社会性パーソナリティ障害』」と、もう一人は「主たる精神障害を『妄想性障害』、従たる精神障害を『薬物性精神病性障害』」と診断し、容疑者は措置入院となった。一般の人から見ると二人の医師の診断名の不一致が気になるところであろうが、「容疑者が精神障害者であり、入院させなければ精神障害のために他害のおそれがあると認める」という措置入院の要件については一致している。

入院後の尿検査で大麻成分が検出されたが、入院四日目ごろから症状は落ち着き、入院一一日目には「易怒性や興奮、障害者を殺害する旨の発言が消退した」とされ、それまで入室していた隔離室から退室している。また入院一三日目には、自傷他害のおそれのある「措置症状」

は消退したことが確認され、相模原市に届けが出され、市は「入院措置解除」をとり、そこで容疑者は退院となった。その時点の診断は「大麻使用による精神および行動の障害」であった。その後約一〇日後の外来受診の際、容疑者は不眠、気分の落ち込み、自分を責める気持ちなどの症状を訴えたため、主治医は抑うつ状態と診断して気分安定薬と抗うつ薬を一週間分処方した。その一週間後の二度目の外来受診では抑うつ状態は改善したと言い、容疑者はその後、予約日にもふたたび外来を受診することはなかった。

ここでひとつひとつの診断や対応を細かく論じるつもりはないが、一般に大麻の使用では知覚の変容などは起きるがそれは吸引時に限られ、持続性のある妄想などが形成されることはないといわれる。容疑者が入院した医療機関の医師は、いずれも衆議院議長宛てに書かれた書状は目にしていなかったとされるが、診察時に容疑者が口走った誇大的な発言を、ある医師は「躁病」と、ある医師は「妄想」と考え、最終的には大麻吸引により知覚が変容した結果の一時的なものと判断したのであろうか。

ただし、もし大麻がその人の思考や信念を持続的に歪曲し、妄想形成に至らしめなかったとしたら、容疑者の「障害者を大量に虐殺できる」といった発言は何に由来するのだろう。以下は論者の個人的な見解である。

この事件が起きた後、いくつかのメディアから、容疑者の精神状態に関する取材が論者のもとにもあった。が、論者は「これは精神医学の領域の話ではないと思う」と答え、診断名などを答えるのを避けた。なぜなら、衆議院議長への書状の全文を含めた報道をざっと見たところ、この容疑者に明らかな精神障害があるとは思えなかったからだ。「躁病」に出現する観念奔逸《ほんいつ》に基づく犯行なら、もっと計画性のない、まとまりを欠いたものとなり、入念な準備による侵入や一九人もの入所者の殺害は不可能だろう。また容疑者が書いた書状には「妄想性障害」のような現実離れした妄想の核のようなものはない。さらに、容疑者が大麻を常習的に使用していたとしても、上に述べた理由により、あれだけの犯行につながるとは考えられない。

また、職員としての処遇に不満をもち、その恨みによる犯行ではないかという声もあったが、それも違うだろう。もしそうだとしたら、狙われるのは施設の管理者や職員であるはずだからだ。さらに、これを「無差別大量殺人事件」と表現したメディアもあったが、それは明らかに間違いだ。自暴自棄になった人間が起こすことの多い無差別殺人とは違い、今回は明らかに、重症度の高い障害者のみを狙っている。

では、これまで何度も言及してきた「衆議院議長への書状」について、ここでようやく内容にふれる。容疑者は二〇一六年二月一五日、東京都千代田区の議長公邸を訪ね、警備にあたっている警官に土下座して、それを議長に渡すよう頼み込んだと伝えられている。

そこには、「私の目標は重複障害者の方が家庭内での生活、及び社会的活動が極めて困難な場合、保護者の同意を得て安楽死できる世界です」といった、常識ではとうてい受け入れがたい内容が並んでいた。その理由は「世界経済の活性化、本格的な第三次世界大戦を未然に防ぐことができるかもしれないから」と説明され、さらに「障害者は不幸を作ることしかできません」と断定的な言葉が続く。

そして、今回の犯行の予告ともいえる殺害計画が具体的につづられていた。もちろん、この書状のどこにもうなずける要素はなく、文体にもある種の高揚感が滲《にじ》み出ているが、話題があちこちに飛び支離滅裂《しりめつれつ》だったり、文法的に破綻したりしているわけではない。幻聴や妄想など、統合失調症や妄想性障害を推測させる箇所もない。

つまり、この容疑者は「障害者は無価値、抹殺したほうがよい」という明確な意図をもち、犯行はそれに基づいて計画され遂行されたものと考えるべきだ。だとすると、容疑者はきわめて特殊な価値観をもってはいるが、それは精神疾患のためではなく、精神科医が治療をしたり論じたりするべき問題ではないのではないか、ということだ。

2　厚労省の「再発防止策検討チーム」について

ところが、そのことを検討する前に、事態は思わぬ方向にすすんだ。

前述したように、もし明白な精神疾患ではなかったとしても、容疑者は一度、精神医療の枠組みで「措置入院」の〝患者〟として取り扱われている。その点にいち早く注目した安倍首相は、事件が起きた翌日の七月二八日、事件に関する関係閣僚会議を官邸で開き、事件の真相究明や施設の安全対策強化、措置入院後のフォローアップを早急に実施するよう指示したというのだ。それを報道した新聞記事によると、首相は会議で「決してあってはならない事件で、断じて許すことはできない」と強調したという。それだけにとどまらず、塩崎恭久厚生労働相、河野太郎国家公安委員長らに「さまざまな観点から必要な対策を早急に検討し、できるところから速やかに実行に移していくように」と指示したとも伝えられた。

私自身、この報道を目にしたときに強い懸念を抱いた。この事件には、後に述べるように、さまざまな現代社会の病理が集約されており、決して「措置入院」の問題に帰することはできない。いったい誰が、この事件の直後に首相に「この事件は措置入院制度の問題だ、それを見直すべきだ」といったサジェスチョンをしたのだろうか。ここからは憶測にすぎないのだが、安倍首相は日本精神科病院協会の現会長である山崎學氏とたいへんに親しい。事件が起きる直前の七月二三日にも山崎氏は別荘に滞在中の首相を訪れゴルフをしていることが、新聞の首相動向などでも明らかにされている。ざっと見たところ、首相にはこれほど親しくつきあう精神医学関係の友人はいないように思われる。

もちろん、首相に精神科医の友人がおり、必要なときに専門家として助言をするのは問題ないのだが、この山崎氏の価値観にはかなりの偏りがあると思われる。たとえば、日本精神科病院協会のホームページでも公開されている「協会巻頭言（二〇一六年五月）」には、別の医師からの伝聞として「朝鮮民族にはＤＳＭ-Ⅳ認定の『火病（ファビョン）』という、怒りを抑えることができなくなって暴れまわるという精神病があり」などと、アメリカ精神医学会の診断ガイドライン第四版の付録にあげられていた二六の文化結合症候群のひとつが大きく取りあげられている。これら症候群のほとんどは現在では歴史的意義しか持たないといわれるが、ネットスラングではそれがあたかも現存する韓国の病のひとつのように扱われている。この巻頭言での説明は、まさに「ネット用語としての『火病』」そのものであった（ちなみにガイドライン第五版では文化結合症候群リストは一〇に減じられて「火病」も消えているが、日本の対人恐怖症は「Taijin Kyohu (Japan)」として残っている）。

そのような不正確な発言を協会の「巻頭言」で紹介する会長が、もし安倍首相に直接サジェスチョンをおこない、検討委員会が設置されたとしたら、いったいどうなるのか。

措置入院の要件である「自傷他害のおそれ」の拡大、また入院後にそれを解除とする際の要件の厳密化、場合によっては「予防拘禁」に相当するような制度の導入など、総体的にいわゆる「措置入院の拡大」の方向に議論がすすむのではないか、と私は大いに危惧した。

そして、前述の日本精神科病院協会誌「巻頭言」の九月号は「相模原障害者施設殺傷事件に思う」というタイトルで、次に述べる「再発防止策検討チーム」の発足についても述べている。その部分を引用しよう。

「八月一〇日には、今回の殺傷事件を検証し再発防止策を話し合う検討チームが厚生労働省内に立ち上がり、措置入院制度の抜本的見直しについて検討が行われることになっている。しかし、その検討と同時に、再発防止を目的に治療・改善を行うための保安処分の検討や、医療観察法の対象者を治療可能な精神障害者のみに限定してよいのか、本来は司法モデルであるべき案件を安易に医療モデルとすることで、精神科病院に責任を押し付けてはいないか、といった根本的な検討が求められているような気がしてならない。」

ここで言う「医療モデル」とは、犯罪を何らかの疾患や不適応の表れであると捉え、犯罪者を病人に、処遇を治療行為とみなす考え方であり、「司法モデル」とは犯罪を医療とは切り離し、法律や裁判所に委ねるべきものという考え方だ。

若干わかりにくいが、会長としては、触法行為をおこなう可能性のある者について「措置入院の対象にして病院に責任を押し付けるな」ということを強調したいのだと思う。つまり、措置入院の範囲を広げるのではなくて、むしろ「危険思想の持ち主をなんでも措置入院として医療任せにせずに、犯罪予告などがあるケースは司法で扱うべきだ」ということだ。ただ、措置入院に代わるものとして「再発防止を目的に治療・改善を行うための保安処分の検討」も挙げていることは見逃せない。

さて、首相の指示を受けて、厚労省の音頭取りですぐに「相模原市の障害者支援施設における事件の検証及び再発防止策検討チーム」が作られた。そして議論を経て、九月一四日には「中間とりまとめ～事件の検証を中心にして～」という検証結果が公表された（＊注１）。

私自身が見た限り、時系列に沿って容疑者の起こした問題やそれに対する精神医療の関与、そこから見えてくる問題点を個々に論じたこの「とりまとめ」には、全体として措置入院の拡大・強化につながる提案は織り込まれていなかった。結論部分には「入院中から措置解除後まで、患者が医療・保健・福祉・生活面での支援を継続的に受け、地域で孤立することなく安心して生活を送れるようにすること」というシームレスな支援の体制づくりの必要性が強調されており、このことこそが「今回のような事件の再発を防止することにつながる」と断言されている。さらには「今回の事件により、障害者の方々への偏見や差別が助長されるようなことは断じてあってはならない」「全ての人々が、お互いの人格と個性を尊重し合いながら共生できる社会を実現していくことが重要である」と人権面への配慮も促されており、非常に良心的な内容に思われた。

しかし、この文書が公表されたあと、NPO法人大阪精神医療人権センターは「『中間とりまとめ』は、措置入院制度を犯罪予防のために見直そうとするもので、精神障害者の福祉の増進を目的とする現行精神保健福祉法からも逸脱するものです。そのほか措置要件の有無を判断した精神保健指定医の資格に疑義があったことがほとんど取り上げられておらず、入院者の人権保障の視点を欠いているのではないでしょうか」との申入書を厚労相宛てに提出するなど、そもそもこの委員会の設置自体を批判する声もあることはたしかだ。

3 この事件に象徴される社会病理について

さて、ここで視点を変えてみよう。

冒頭で述べたように、私は今回の事件は、容疑者の個別の精神疾患や措置入院制度の問題に帰して説明し、予防のための対策を検討すべきではない、と考えている。

一部の報道によると、容疑者は大学卒業後、「強さ」にあこがれて右翼団体に接近したり、「弱い人たちには生きる権利はない」といった発言を友人らにしたりしていたという情報もある。社会の中でマイノリティと呼ばれる人たちは、誰も好きでその立場を選んだわけではない。このように、社会的マイノリティを本人には変えることのできない属性（今回なら心身障害があること）だけで差別・憎悪の対象として攻撃する犯罪を、海外では「ヘイトクライム」と呼ぶ。今回の事件は精神疾患ゆえの行為などではなく、やはりヘイトクライムと考えてよいのではないか。これまで日本では、親族や地域住民などを大量に殺害したケースや無差別通り魔殺人などはあったが、「障害を有する者」など特定の属性をもったマイノリティを狙い撃ちにして殺害する「ヘイトクライム」は、わずかにホームレスを連続して襲う事件があったくらいであった。そう考えると、国内ではじめて起きた大規模なヘイトクライムとも考えられるのだ。

今回の事件でさらに危惧されるのは、こういう極端な犯罪が起きると、それに刺激されて類似の犯罪が続く可能性があることだ。実際に、殺人事件にまでは至っていないが、「障害者を襲う」といった脅迫状や脅迫メールを施設などに送る事件も起きている。

容疑者は書状の中で、いかに障害者は社会にとって不要であり、その存在のために家族や施設従業員が苦しんでいるかを綿々と書きつづっている。そして、かれらが嫌い、憎いといった感情によってではなく、社会をよりよくするためにその排除が必要だと語り、その殺害計画を具体的に打ち明けているのである。容疑者にとっては、効率的に働き、生産性を上げて社会に貢献できる人間だけが生きる価値があり、そういう人たちだけで構成されている社会こそが健全とみなしているのだろう。

それにしても、なぜ現代を生きるこの容疑者は、突然ナチス時代のような優生思想に染まり、差別や排除の意識を強め、ついにそれを実行するに至ったのだろうか。今後、精神鑑定もおこなわれると思われるが、先述したように、いま公開されている情報からは、私は彼になんらかの重篤な精神疾患があったとは考えていない。むしろ気になるのは、彼がどんなメディアに接触し、そこでどんな人や言論に影響を受けてきたかということだ。実際にネットの社会ではいま排外主義や差別主義が横行しつつあり、今回の事件の後にも、加害者の行動や思想を肯定したり賞賛したりする声がみられた。今後の裁判では、この男性をごく特殊なケースと片づけることなく、彼を生んだ社会背景や、人権を軽視するいまの空気についてもぜひ迫ってほしいと考えている。

先に、検討チームの「中間とりまとめ」は、予想していたものよりは良心的だったのではないかという感想を述べた。しかし、措置入院制度の見直しや保安処分にはふれず、「措置解除後のフォローアップ」や地域間の連携などについて述べたこの「とりまとめ」が、検討チーム発足を命じた首相以下、内閣の期待に応えるものであるかどうかは不明である。一部では、さらに厳しい対応を望んでいた現政権の感情を逆なでし、検討チームの提言が反故《ほご》にされる可能性もあるのでは、という声もある。

実際に、「中間とりまとめ」が発表された後、一〇月三一日には日本精神科病院協会の関係者もヒアリングに応じている。このとき対応したのは「巻頭言」を書いた山崎会長ではなくて松田ひろし副会長であった。松田副会長もそこで、今回の事件は「医療モデルではなく、あくまで司法モデルとして取り扱われるべきではないか」と会長と同意見の見解を述べている。このヒアリングについて伝える「Web医事新報」の記事（＊注2）から引用しよう。

「松田氏は今回の事件を考えるポイントとして、二〇〇五年に施行された『医療観察法』の対象が原則治療可能な精神障害者とされている点を指摘。その結果、『より重度な治療可能性のない精神障害者の治療が措置入院という形で民間精神科病院に委ねられている』とし、措置入院制度の見直しとともに、医療と司法がそれぞれ取り扱う範囲について抜本的検討を行うべきと訴えた。」

ここでも強調されているのは、医療の限界と、司法の適応範囲の拡大だ。その「拡大」が、当事者の治療や社会復帰といった精神保健的な性格を失い、より保安的な方向へとおこなわれる可能性もまだ残っている。二〇一六年一一月末には公表される予定の「最終とりまとめ」を注視したい。

＊注1　相模原市の障害者支援施設における事件の検証及び再発防止策検討チーム「中間とりまとめ～事件の検証を中心として～」平成二八年九月一四日 http://www.mhlw.go.jp/file/05-Shingikai-12201000-Shakaiengokyokushougaihokenfukushibu-Kikakuka/0000138402.pdf

＊注2　「Web医事新報」掲載、『週刊日本医事新報』四八二九号（二〇一六年一一月一二日発行）所収 https://www.jmedj.co.jp/journal/paper/detail.php?id=5352

津久井やまゆり園事件の感想

鈴木容子（仮名）　精神障害当事者

ニュースの第一報を聞いて、〝大変なことが起こった〟と感じたのと同時に、容疑者が措置入院から退院したばかりであることに強い違和感をもちました。このことを容疑者の発した言葉から私なりに考えてみました。

容疑者が発した言葉のひとつめ、「障害者なんていなくなればいい」に対して、非常に腹が立ちました。

私は、八八歳になる母親と二人暮らしをしていますが、障害をもつ私がいなければ母は生活できません。母が目覚めてから就寝するまで一緒の生活です。精神疾患を抱える私は六〇歳になり、日々の生活と戦っているようなものです。最近では、母親から「私、精神病じゃないよね！」と毎日何回も聞かれます。

そんな母親も、二年ほど前に私が精神病を再発し、自身の言動が自身で静止できなくなったときには一〇時間以上も入院先の病院探しと手続きに同行してくれて、すべて終了して帰宅できたのが明け方近くでした。入院先が遠かったため電車を乗り継ぎ、数日後見舞いに来てくれたときでも、閉鎖病棟の隔離室にいる私と一五分ほどの面会しかできませんでした。いま考えると、そのときは母親が同行してくれたおかげで医療保護入院でしたが、家族がいなかったら措置入院になっていたかもしれません。このように、お互い大変と思いながらも口には出さずに、母親と支えあって暮らしていることを全面的に否定されたように感じ、悲しくてつらくて非常に腹が立ちました。

次に、容疑者が衆議院議長への手紙のことで問い詰められて発した「じゃあ施設をやめます」で、警察が控えるなかで、この発言の後に措置入院になったと報道されています。これを見て「措置入院って何なんだろう」「なぜ措置入院があるのだろう」と思いました。他人を傷つけるおそれがあるという理由で、犯罪をふせぐための措置入院につながることには強い違和感を覚えます。それだけ根の深い問題であるからには、じっくりとした取り組みが必要でしょう。薬物の影響があったことが明白でありながら、退院が許可されたのはなぜなのか。また、個人の保護であるべき入院が犯罪抑止に利用されているとすれば恐ろしいことです。

私が入院していたあいだ、隣の病室には措置入院した方がいました。その方は退院に向けた教育プログラムに参加できなかったり、外出や散歩の許可が非常に厳しかったり、閉鎖病棟の中に隔離病室があり、この病室にいる方は病室からいっさい出られない状態であったことを覚えています。このように厳しい措置入院のなか、容疑者が二週間で退院したことは本当に不思議なことです。そして退院後の報道もたくさん出ていますが、支援が整っていなかったことや、収入の保障がなく生活保護受給もあったと書かれています。このことからも、単純に薬物のためとか異常性とかでは片付けられないことだと思います。今回の事件をきっかけとして、措置入院のあり方や、表面化されない警察の措置入院利用と精神医療の実情を明らかにすることが大切であると思います。

最後に、容疑者が発した「世界が平和になりますように」です。私が考える世界平和とは、「障害者」という言葉がなくなることが本当の平和であると思っています。世界中に障害者のいない国はありません。それは、自分が望まなくても障害のある人が一定数誕生することからもわかります。そして、戦争や科学の濫用などで障害のある人が作り出され、技術の進歩や経済的な価値の優先から障害の判断基準が変化して、障害のある人が増加しています。そう考えると、世の中が進化すればするほど障害者が増えていくことでしょう。そして今回の事件を振り返ってみると、今まで皆が知らぬふりをしていたことの〝つけ〟が、この事件につながっているのでないかと思うようになってきました。

私は障害とは「個性ではなく、負わされた重荷である」と思っています。これをどう自覚し、まわりに理解してもらうか。私は生まれたときから障害者だったわけではなかったことを考えると、誰もが障害をもつ可能性があることを知り、生まれたときから身近に存在していることが大切であると思っています。

母親を見ていると、個々により程度が違いますが、人間は必ず誰かの支援を受ける時間があり、死んでいくのではないかと思います。それでも母親が幸せに見えるのは、生きたいところで私と生活できていることがあるからではないかと思っています。この事件があった環境をみると、家族からも世間からも見放されたようにしか見えませんでした。これこそが障害者差別だと感じます。

ある本に書かれていた「昔はバカがいたが、最近どこかに隠されて見えなくなった」の言葉が象徴しているのではないでしょうか。いろいろな人々が共存していたはずが、最近はそれを隠しています。このことから、障害のある人や生産能力が低い人を軽視することが当たり前となり、いじめにもつながっていると言えます。子どもの世界だけではなく大人の世界にもあり、どんどんがんじがらめになってきているように感じています。

まとめとして、前で書いたように「障害者」という言葉がなくなるためには、世の中が勝手に理想の人間像をつくり、この理想から外れる人やマニュアルからはみ出る人を排除することがよくないことであり、「人それぞれ違ってよく、違うことが当たり前」と思える教育を、生まれたときからしていくことが必要であると思っています。

人は皆、個人として尊重され、愛され生きていく権利をもちます。障害があってもなくても人は皆、みずからもつ暗い側面も尊重され、他者とのつながりのなかで折り合いをつけ、みずからを肯定して生きていけます。その機会を奪うことがあってはいけません。今の私があるのは、理解のある友人や支援者がいたことと、信頼のおける主治医が私の見つけたセカンドオピニオンを容認してくれ、私が納得することができたからだと思っています。

容疑者の精神状態に迫る

道見藤治《どうみふじはる》　精神障害当事者、医療・福祉問題研究会

容疑者の行為は、たとえどんな理由があるにせよ赦《ゆる》されるものではありません。二度と同じ過《あやま》ちが起こらないよう、事件の徹底的な解明が求められます。障害のある人の権利や施設入居のあり方などについては他の方が評されると思いますので、私はメンタルなことについてまとめてみました。

私は企業戦士でした。二三年前、厳しい職場から精神疾患のために離脱しました。その後の私の半生は清く正しく、多くの方々に支えてもらい、回復を果たし、いろんな社会活動をさせてもらっています。

会社員時代の仕事はたいへん苦しいものでした。その原因には、日本の企業に余裕がなかったことが挙げられます。経済至上主義で、どんなに成果を上げても認められない、効率向上が打ち出されていたのです。そして現在は、私の離職当時以上に、働く人は厳しい環境に置かれています。そこで出てくる思潮《しちょう》は、役に立たない人は排除されるという、人間の尊厳を何ら認めないことだと思います。これが事件の背景にあるひとつと思われます。

たとえ一定の仕事はできないとしても、その弱い人の存在を尊重しない社会は脆《もろ》いものです。そのような世の中にこそ心病む人が出てくると思います。「心病む」という言葉を使いましたが、これは

精神障害の人を指していません。精神に障害のある人は心が清く、ことの判断を正邪《せいじゃ》で考える人なのです。心が病んでいる人とは、判断基準を強弱で考え、弱い人は社会から落ちこぼれてもよいと平気で思う人です。このことも事件にかかわっている問題だと私は思うのです。

容疑者は精神障害のため措置入院に処せられたとあります。私の考えでは、善悪の判断を超えた、何か追いつめられた精神状態におちいっていたと想像します。私も会社員時代には、思考がまひするような苦しみを味わったことがあります。その原因は、嫌なことでも不正なことでも、上司の命令は絶対的なものであり、自分の心をねじ曲げ、悪いと思っても系列会社の人たちに対し弱い者いじめの行動におよびました。それは精神疾患に罹患《りかん》する前のことです。そのような思いつめた観念が容疑者になかったか、かかわる精神科医たちの徹底的な究明を希望します。

私の目には、容疑者が特異な人物とは映らず、精神障害のためというよりは、苦しんだ末に凶行におよんだと考えます。ですから、その状況を生み出した原因を追究するために、容疑者の生い立ち、家族、学校、職場などの環境がどうであったかを検証しなければ、真の問題解決にはならないと思います。それによって事件の核心に迫り、事象の解釈ができるのではないかと思うのです。

若者の生きづらさに視点を向けてみると、一五〜三四歳の死因トップが自殺であるのは日本だけであり、その自殺死亡率は日本がダントツであることを中高年はご存じでしょうか。若者の精神疾患は社会の根本的な問題ととらえるべきです。

やまゆり園事件に寄せて

武田麻衣子　精神障害当事者、社会福祉法人はる（東京都世田谷区）

人間というものは、本当に正直なものだと私は思っています。私も幼いころ、自宅の近くに大きな精神科の病院があり、正直怖かったです。私も早いころからこの病気になりましたが、実際、自分がこの世界に必要ないとか、差別されることもありました。

「困ったわね、こういう人がこの辺りに住まれると」という態度を幾度《いくど》となくとられました。けれど、自分が社会の一員であることに間違いはないと考えて、当たり前のように服薬しながら暮らしています。

けれど、やまゆり園事件のようなことが起きてしまい、好奇の目で見られていたことに気がついてしまい、悲しいです。外で自分の何気ない話をするのでさえ、ひどく気をつけねばならなくなり、グループホームでも、眠る直前にリビングの鍵を確かめたりしています。

ただでさえ悩みの多い病気なのに、支援者まで信じられなくなったら、私たち障害者はますます生きづらくなってしまい困ります。

私は、たとえ自分が障害者であろうと、地域の方にご迷惑をかけず、自分なりに少しでも快適に生きたいです。

お願いです。もう、こんな怖い事件の話は知りたくもありません。テレビでニュースを見たとき、心の目をつむって、あえて忘れてしまいました。それほど私は怖かったのです。この気持ちはきっと私だけではないと思います。私たちは毎日生活するだけでも疲れます。健常者より多分ずっと疲れていると思います。でも、そんな文句を言う障害者は誰もいないです。

お願いです。ただでさえ涙が出るほど悲しい病気です。せめて、これ以上の苦しみを私たちにつくらないでください。悲しいです。

私たちは必死で生きています。皆さん同じでしょうが、私たち障害者も同じです。

認知症の人と家族の立場から思うこと

勝田登志子　公益社団法人 認知症の人と家族の会顧問、富山県支部事務局長

障害者も認知症の人も、受ける「差別」「偏見」の根っこは同じ

一九八〇年に京都で結成された「認知症の人と家族の会」は、当初「呆《ぼ》け老人をかかえる家族の会」という名称であった。呆け、または痴呆性老人と呼ばれていたが、富山県支部結成当初の八三年ごろは、新聞では「呆け老人」ではなく「痴呆性老人」の会が結成されたとの報道がなされた。

二〇〇四年、国際アルツハイマー病協会の会議が京都で開催され、はじめて認知症本人からの発言があった。オーストラリアの官僚であったクリスティーン・ブライデンさんが、認知症の本人として登場し発言したことは驚きであった。それまでは「認知症の人は何もできない人」と専門家も含めて大多数がとらえ、本人も家族も「恥ずかしい病気になってしまった、もう誰も相手にしてくれない、公表できない」として病気を隠すことが当たり前であった。

二〇〇六年「痴呆」が「認知症」に改称され、家族の会も「認知症の人と家族の会」に名称を変更した。「認知症の本人」も「家族」も主役であり、対等の関係と位置づけられた。それまでの会の活動内容は大きく変わった。

「認知症の正しい理解」と「差別と偏見」は表裏一体の関係にある

認知症になったとき、多くの本人も介護家族も「もう人生はおしまい」と感じる。認知症になったら何もできない、これからどうしたらいいのかと悩む。「どうして認知症になったのか」と受け入れられない人もある。認知症について学ぶなかで、「認知症になってもできることは多くある」と気づくのが早いか遅いかによって、その後の生活は大きく変わる。今では、少しの支えがあれば普通の暮らしを継続できるのだ。ただ、その支えが社会的に整備されているかといえば、まだまだ不十分であることは否めない。

認知症と告げられたとき、「なぜ自分が！」と怒りにも似た気持ちになる。自身の内なる差別と偏見意識が、病気であることを拒否する。公表することをためらう意識が強いほど抵抗が大きい。そのことを一方的に責めることはできない。公表したくなければ、そのことをしっかり保障することも必要だが、公表しなければ、まわりの支援や協力を得ることがなかなかできないことも事実である。

「差別と偏見」は内なる自分の心にある。この「差別と偏見」は、自身が闘わない限り乗り越えることは難しい、やっかいな魔物である。乗り越えたと思っても次の壁がまた立ちはだかる。その行きつくところが「個の確立」であろう。

事件のあった神奈川県の県議会が、「差別と偏見のない社会を！」と、「ともに生きる社会かながわ憲章〜この悲しみを力に、ともに生きる社会を実現します〜」を策定したとのこと。今、いのちを軽んじ、人間の尊厳を冒《おか》すような言動が、とくに政権与党や権力を握る人たちから発せられることに懸念をもち、そのような風潮が今回の事件の背景にあることを感じる。決して許してはならない事件である。「差別と偏見」について、つねに自身に問いかけつづけている。

4　相模原事件の背景と自治体・国の責任

石川　満（多摩住民自治研究所）

1　津久井やまゆり園について

津久井やまゆり園は、社会福祉法人「かながわ共同会」の運営する、主に重度の知的障害をもった人が入所する障害者支援施設である。一九六四年に神奈川県によって開設され、当時は知的障害者更生施設（入所）であった。八九年に神奈川県・神奈川手をつなぐ育成会・神奈川県知的障害者施設協会・神奈川県地域作業所連絡協議会等の総意により、県立施設を民営方式へ転換する際の受託法人として「かながわ共同会」が設立された。

同園が所在する相模原市緑区は神奈川県の最北に位置する行政区である。中央線の相模湖駅から四・九キロ、車で一〇分程度の相模川沿いに所在する。現在はすぐ近くまで新興住宅地が迫り、県道も交通量があるが、開設当時は住宅のまばらな地域であったと思われる。
施設は鉄筋コンクリート二階建て一万一八八五平方メートル、敷地三万八九〇平方メートル。一九六四年の開設後、九四年から九六年にかけて建て替えられた。障害者支援施設としての入所定員は一六〇名（入所支援一五〇名・短期入所一〇名、生活介護一六〇名……日中の活動）である。敷地面積も広く入所定員の多い大規模な施設である。入居者は重度・重複障害、強度行動障害、医療的ケア等が必要な知的障害をもった人等である。東西の居住棟（二階建て）に、二〇人ごとのユニットに分かれ居住していた（一フロアに二ユニット）。

表1　やまゆり園入所者の障害支援区分

障害の種類等	人数	障害支援区分	人数
聴覚障害	4名	区分3	0名
視覚障害	10名	区分4	5名
肢体不自由	16名	区分5	25名
車いす利用	19名	区分6	116名

二〇〇五年四月、神奈川県の福祉施設では第一号の指定管理者制度による施設として運営を受託。二〇一五年四月に指定管理者制度の再受託をした。「津久井やまゆり園　第二期指定管理者事業計画書」による二〇一四年四月一日現在の入所者一四六名のうち、重複障害・障害支援区分は**表1**の通りである。障害支援区分6（最重度）の入所者が全体の七八・八％に達している。

事件の経過

二〇一六年九月二九日の神奈川県議会定例会厚生常任委員会報告資料等に沿って、事件の経過を要約する。

事件は二〇一六年七月二六日午前二時ころ発生、入所者四三名、職員三名が刺されるなどして一九名が死亡、二七名が負傷した。事件当日の在園状況は一五七名（男性九九名、うち短期入所七名、女性五八名、うち短期入所一名）である。職員体制は八名（男性五名、女性三名）で、非常勤夜間警備員は一名であった。容疑者は現場を逃走した後、津久井警察署に出頭し、建造物侵入並びに殺人未遂で緊急逮捕された。

容疑者は二〇一二年一二月一日から二〇一三年一月三一日まで非常勤職員、二月一日からは臨時的任用職員、二〇一三年四月一日より常勤職員としてやまゆり園に勤務した。二〇一五年二月には刺青《いれずみ》について業務中見えないよう注意を受けた。二〇一六年二月一二日には「自分たちが手を貸さなければ生きられない状態で、本当に幸せなのか」等と看護師に発言。二月一九日、園長等の面接ののち、退職に至る。そして同日、警察官通報により北里大学東病院に措置入院となった。

管理運営体制について

神奈川県は、津久井やまゆり園の管理再委託に際し、二〇一四年四月に「津久井やまゆり園の維持管理及び運営等に関する業務の基準」を発出している。この中の職員の配置等については、運営に必要な職員数は常勤換算で一三八・五名、夜間体制は各ホーム最低一名の配置としている（**表2**）。

表２　神奈川県「津久井やまゆり園の維持管理及び運営等に関する業務の基準」による職員の配置等（平成26年４月）

区　分	常勤職員	非常勤職員	非常勤職員の内訳
管理者	1		
事務員	2	2	週30時間×２人
栄養士	1		
調理員		7	週30時間×７人
看護師	4		
生活支援員 （サービス管理者含む）	115	13	週30時間×５人 週25時間×８人
小計（常勤換算）	123	15.5	
合計（常勤換算）	138.5		

※ひとつのホームに配置する生活支援員は、土日、祝祭日を含め、原則 毎日午前６時30分から午後９時までの間は、常時３名以上の職員を確保できるよう配置してください。また、夜間（上記以外の時間帯）については、各ホームに最低１名の夜勤職員（宿直は不可）を配置し、緊急時にも対応できるよう体制を整えてください。

表３「津久井やまゆり園　第二期指定管理者事業計画書」による職員配置

区　分	常勤職員	非常勤職員
管理者	1	
事務員等	4	11
管理栄養士	1	
調理員		業務委託
看護師等	4	6
生活支援員 （サービス管理者含む）	118	17
小計（常勤換算）	128	19.5
合計（常勤換算）	147.5	

※非常勤職員は障害者雇用4名を含む

この県の基準に対し、「津久井やまゆり園　第二期指定管理者事業計画書」による職員配置は常勤換算で一四七・五名（調理員は業務委託）とされ、県の基準より手厚い（表3）。さらに、非常勤職員は障害者雇用四名を含むとしている。

津久井やまゆり園は二〇一〇年七月に神奈川県の福祉サービス第三者評価を受けている。評価機関は神奈川県社会福祉士会で、評価結果は県社会福祉協議会と県社会福祉士会のホームページに掲載されている。これによると、二〇一〇年時点では優れた実践をしていると評価できる。なお同年以降の第三者評価受審はない。

神奈川県では、学識経験者・障害者福祉関係者などによる「県立障害者福祉施設等あり方検討委員会」による報告書が二〇一四年一月にまとめられている。この報告書の「今後の県立障害者福祉施設のあり方について」の「各施設のあり方に関する今後の方向性」では、同園について次のように記載している。

（ア）津久井やまゆり園

手厚い職員体制のもとで、民間施設では対応困難な重度重複等の知的障害者を受け入れるとともに、診療所を併設し、医療的ケアが必要な利用者に対応している。また、施設入所者の地域生活意向や短期入所など地域生活支援にも積極的に取り組んでいる。

また、近隣の民間施設向けの研修会の開催や講師派遣など、地域の拠点施設としての情報発信も積極的に行い、民間施設のバックアップ機能も担っている。

こうした県立施設に期待される役割を引き続き担うために、県立指定管理施設として存続することが望ましい。

なお、同園は相模原市（政令市）に立地することから、利用者の多くが相模原市の利用者である。障害福祉サービス事業所の指定権限が政令市に移行していることなどを踏まえて、今後、同園のあり方について市と話し合っていく必要がある。

神奈川県の第三者評価結果や、県立障害者福祉施設等あり方検討委員会の報告書に共通しているのは、重度重複障害をもった人等への援助にしっかりと取り組んでいること、地域生活支援にも取り組んでいることなどである。

2　相模原市について

相模原市の概要と歴史

相模原市は神奈川県の最北部に位置し、横浜市、川崎市について第三位の人口規模を擁する指定都市である。人口は七二万一六八六人（二〇一六年一〇月一日現在）、面積は三二八・八二平方キロメートル。二〇一〇年に指定都市へ移行し、行政区は緑区・中央区・南区の三区。

二〇〇三年には中核市となり、二〇〇六年三月（津久井町・相模湖町）および二〇〇七年三月（藤野町・城山町）の編入合併により人口は七〇万人を超え、二〇一〇年四月、指定都市へ移行した。指定都市への移行にともない児童相談所が設置され、精神保健福祉法の措置入院に関する事務等を担当することとなった。二〇一四年度の財政力指数は〇・九四（前年度〇・九五）である。

津久井やまゆり園は合併前の旧津久井町に所在している。合併直前の津久井町の人口は二万八五五一人、面積は一二二・〇四平方キロメートルであった。

相模原市の福祉事務所

容疑者は、措置入院解除後二〇一六年三月二四日に生活保護を申請し、失業手当の給付を受ける三月三一日まで生活保護を受給した。

相模原市の福祉事務所は三カ所（中央・南・緑）、福祉事務所の所管区域の状況は表4の通りである。なお、所管区域の状況は二〇一三年四月一日現在、職員数は二〇一四年四月一日現在のものである。この時点における相模原市の生活保護世帯は八八〇二世帯、生活保護担当の現業員は一一四名、現業員一人当たりの生活保護世帯は七七・二世帯と、社会福祉法に定める「所員の定数」（市福祉事務所では八〇世帯に対し一）になんとか収まっている。

被保護世帯はその後も増加傾向にあり、二〇一五年六月段階の生活保護世帯数は九七六一世

表4　相模原市の福祉事務所

	相模原市	緑福祉事務所	中央福祉事務所	南福祉事務所
面積	328.8 ㎢	253.8 ㎢	36.8 ㎢	38.2 ㎢
世帯数	309,946 世帯	72,496 世帯	114,362 世帯	123,088 世帯
人口	718,602 人	176,511 人	266,655 人	275,436 人
被保護世帯	8,802 世帯	1,635 世帯	4,319 世帯	2,848 世帯
被保護人員	12,892 人	2,499 人	6,523 人	3,870 人
保護率	17.94 ‰	14.16 ‰	24.46 ‰	14.05 ‰
現業員	114	21	56	37
査察指導員	16	3	8	5

（出所）相模原市健康福祉局福祉部地域福祉課、第102回市町村職員を対象とするセミナー「生活困窮者自立支援制度について」資料、2014年2月21日

帯となっている。二〇一三年四月段階の相模原市の被保護率一七・九四‰（一・七九％）は、同年一〇月の全国の保護率一七・〇‰よりわずかに高い水準である。

なお、容疑者が生活保護を受給した福祉事務所は公表されていない（緑福祉事務所と思われる）。

相模原市の行政組織

相模原市の健康福祉局の組織についてみると、いわゆる本庁と出先機関の二重行政になっている。障害福祉に関する組織としては本庁の障害福祉サービス課、精神保健福祉課および障害者更生相談所があり、緑・中央・南の三カ所の障害福祉相談課がある。城山・津久井・相模湖・藤野の四カ所の保健福祉課もある。さらに精神障害に関しては、本庁の精神保健福祉課のほか、精神保健福祉センターがある。

筆者の見解であるが、専門援助機関としての福祉事務所、児童相談所、保健所、障害者更生相談所、精神

保健福祉センター等を中心とした相談・援助システムとすることが、住民にもわかりやすく、専門性も拡充でき、かつ責任と権限が明確になる。三区の高齢・障害・こども家庭相談課などは、それぞれの福祉事務所機能に統合し、管内のあらゆる相談援助に責任を負う体制が必要ではないかと考える。そのうえで精神保健福祉センター、児童相談所、保健所等と具体的な連携をしていくことが本来的である。本庁に同じ「課レベル」で統括的な組織を作ったことにより、二重行政をすすめ、各専門援助機関の機能を劣化させたことが指摘できる。

同市では指定都市移行にともない児童相談所を設置してから、すでに三件の児童虐待による死亡事例が生じている。児童虐待に関する相談・援助体制が三区の相談課と児童相談所の二重となり、情報共有ができないという構造は、相模原事件でも同様である。

3　措置入院および退院後の経過についての問題点

厚生労働省に設置された「相模原市の障害者支援施設における事件の検証及び再発防止策検討チーム」の中間とりまとめ（平成二八年九月一四日）を参考に、容疑者の措置入院とその前後の経過について、次のような問題点を指摘したい。

措置入院に至る経過

衆議院議長公邸への手紙やその後の容疑者の言動は、犯行がその手紙通り実施されたことなどを勘案すると、警察官通報による「措置入院」だけで済ませる問題ではなかったのではないかと思われる。

二月一九日にも「重度障害者施設の障害者四七〇人を抹殺する」「職員の少ない夜間に決行し、職員は結束バンドで身動きを取れなくし、抹殺したのちに自首する」と二月一五日の衆議院議長宛て手紙と同様の発言があり、妄想様の症状があったと判断されたが、警察は「脅迫罪」「偽計業務妨害罪」等の検討もすべきではなかったかという疑問がある。

大麻取締法は大麻の所持、栽培、譲渡等を禁止する法律であり、吸引については規定がない（違法ではない）。ただし容疑者については、自宅に大麻を所持し常用していたという報道もあり、また入院時にも陽性反応があったことから、大麻所持の捜索・検挙も可能であったと考えられる。大麻吸引ごときでは警察の捜査の対象としないような対応は、日常的におこなわれていたと思われる。

警察官通報により措置入院に至る事例は比較的多い。警察としても、大麻吸引と脅迫等について警察で十分な取り調べをするという姿勢に欠けており、いわば容疑者を厄介者として措置入院させたのではないか。施設退職と警察官通報による措置入院が、容疑者の精神構造にどのような影響を与えたかということも気になる点である。

入院医療に関する経過

北里大学東病院への措置入院の経緯に関しては、精神保健福祉法の範囲で実施されたものであり、大きな問題はないと考える。ただし、緊急入院の際の指定医、また正規の措置入院の際の第一指定医とも北里大学東病院の医師であり、他院の医師は第二指定医のみである。できるだけ他院の指定医を活用すべきと「中間とりまとめ」でも指摘されている。この第一指定医は、容疑者退院後、精神保健福祉法の指定医を辞退している。「中間とりまとめ」によると、診療録にない症例報告により指定を受けたとのことである。

北里大学東病院には大麻中毒や薬物依存の専門医がおらず、そのための専門的な治療法も実施されていない。それにもかかわらず早期退院となり、退院時の関係者（とくに相模原市や保健所、家族など）を含めたカンファレンスも実施されていない。これらを考慮するならば、やはり入院治療に問題があったと言わざるをえない。容疑者の精神症状とその予後を医学的に正確に診断することの困難さは理解できる。しかし結果として、容疑者の病状把握が十分できたのか問題が残された。

早期退院とその後の経過について

容疑者の入院期間は、二〇一六年二月一九日から三月二日までの一三日間である。患者の人権や社会復帰などを考慮するなら、いたずらに長期入院することは避けるべきであり、症状が

図１　措置入院患者の平均在院日数（平成16年度〜平成25年度）

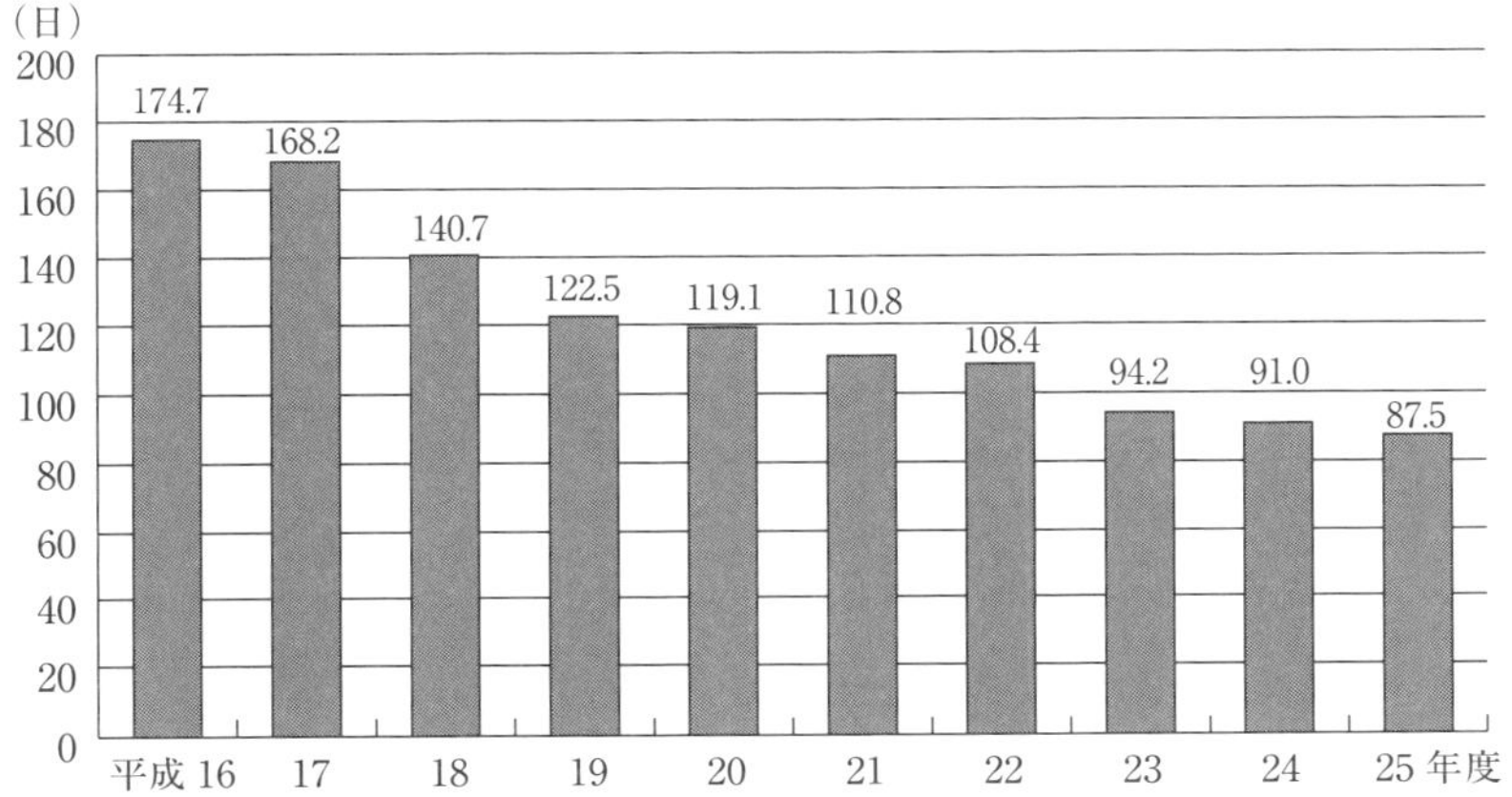

（注）（毎年６月30日時点での在院措置入院患者数×365日）を措置入院届出数で割った数であるため、実際の数字と異なる可能性がある。

（出所）「相模原市の障害者支援施設における事件の検証及び再発防止策検討チーム（第１回）」平成28年８月10日資料（厚生労働省ホームページ掲載）

消失した際の早期退院は大切なことである。

措置入院の医療費は文字通り措置費であり、国と都道府県（指定都市）が負担することとなる。二〇一三（平成二五）年度の平均在院日数は八七・五日である（**図１**）。措置入院解除後は、医療保護入院等に切り替えることも少なくない。

北里大学東病院のような地域の基幹病院であり、教育・研修機能をもった病院が、厚生労働省のめざす入院日数の短縮へ向けての最先端であることを見ておかなければならない。厚生労働省社会援護局障害保健福祉部による「精神保健福祉資料　平成二五年六月三〇日調査の概要」を見ると、大学病院では六月三〇日時点での入院期間一カ月未満が全体の三分の二（六六・七％）に達しており、その他の病院よりは格段に在院日数が短い。

容疑者の退院時の経過であるが、三月二日に病院長から他害のおそれはなくなったとの精神保健指定医一名の診察結果に基づく「措置入院患者の症状消滅届」が提出され、相模原市長が入院措置を解除した。麻薬中毒者としての届け出はされていない。症状消滅届の病名（主たる精神障害）は「大麻使用による精神および行動の障害」である。

退院後の帰住先として「家族と同居（八王子市）」と記載されていた。担当看護師は、退院後は相模原市で単身生活をすると容疑者から聞き、入院看護総括（退院）に記載していたにもかかわらず、主治医と情報共有化されなかった。この点は大きな問題である。

退院後の外来受診は三月二四日と三一日の二回だけである。三月三一日には生活保護の就労可否等証明書を受領している。

退院後、外来通院しているのであるから、生活状況・居住実態の把握ができたはずである。五月二四日、六月二八日には外来予約をしたものの受診していないので、医療相談室等を通し状況把握をすべきだったように思われる。

「中間とりまとめ」によると、三月三一日通院時の投薬も一週間分であり、抗うつ剤などが投薬されたという。その後通院がなかったことを考えると、服薬でコントロールできた状況ではないし、もともと抗うつ剤が必要だったのか、あるいはきちんと服薬していたかなど疑問である。そもそも三月三一日の通院は、生活保護受給に必要な「就労可否等証明書」を受けることが目的だったのではないかという可能性もある。

二〇一三年の精神保健福祉法改正により、「医療保護入院者」の退院措置については、退院後、生活環境相談員の選任、地域援助事業者の紹介、医療保護入院者退院支援委員会の設置が病院に義務づけられている。一般的に言えば、医療保護入院とは「自傷、他害はないが、病識がなく、入院の同意をする者がいない」ときの入院制度である。措置入院のほうが深刻な状態にある者の入院制度である。そうであるならば、精神保健福祉法改正の際、医療保護入院制度のみ改正し、措置入院制度改正を放置したと指摘せざるをえない。

退院へ向けての関係者間のカンファレンスを開催しなかった病院の姿勢にも疑問を感じる。医療相談室のソーシャルワーカー等はなぜ関与しなかったのか。大学病院の多忙さのなかに埋没し、結果として、容疑者のような患者は十分に顧みられなかったのではないか。

措置権者である相模原市の対応について

相模原市は指定都市であり、措置入院に関する措置権者である。また入院の際に精神保健福祉課職員が面接・立会いをし、退院時も連絡を受けている。したがって退院後の関係機関との情報共有（とくに福祉事務所・保健所等）が不十分であったことは否定できない。

相模原市では二〇一五年度の措置入院患者は六二名であり、「措置入院者に対する支援のあり方ガイドライン」を策定している。しかし本事件では「市外の家族のもとに帰住する」ことになっていたため、支援対象としていない。さらに八王子市に対する情報提供は「個人情報の保護」を理由におこなっていない。もし支援対象であれば、ガイドラインによると入院中から対応することとなる。これらを勘案するならば、措置入院等の業務の多忙さは理解するものの、退院に向けて措置権者としてなんらかの対応をしなければならなかったはずである。この観点からすると、相模原市のガイドラインは不十分ということになる。結果として、容疑者を一人の退院者として支援が必要な存在と捉えなかったのである。

「中間とりまとめ」等によると、相模原市には精神保健福祉課職員（本庁）として精神保健福祉士二名が配置され、保健所職員を兼務している。

年間六二名の措置入院に関する事務を精神保健福祉士二名で担当するとなると、多忙さは想像できる。退院後の支援も、たとえば市外転出や精神作用物質による精神および行動の障害（麻薬中毒者や薬物中毒者など）は対象としていない。そのうえ実際の支援も六二名中三六名（五八％）にとどまり、電話や所内面接が中心で、訪問は五名にとどまっている。

本庁の精神保健福祉士を増員し、きちんとした退院支援をすることと、保健所との連携強化が欠かせない。本来的には保健所機能を拡充し、二重行政を正す方向での改革を期待する。

生活保護受給について

二〇一六年三月二四日に生活保護の申請があり、同日付で保護開始となった。三月三〇日に生活保護担当職員が容疑者宅へ訪問調査を実施。四月一日付で失業手当を受給することにより、生活保護を三月末で廃止、四月分生活保護費は返還となった。

福祉事務所の生活保護担当が早期に保護開始したことについては適切であると考えられる。ただし、容疑者に対する生活歴・生活状況の把握が不十分であったことは指摘せざるをえない。同じ市役所内で、場所が離れているとはいえ、生活保護受給者の直前の措置入院状況がまったく共有されていないのは大きな問題である。生活保護廃止時の関係機関との連絡調整も同様に不十分であった。

すべての経過を通して

警察・病院・市役所をはじめ、どの機関・職場も人手不足で多忙な業務を抱えており、一人ひとりの人間にどう対応するかという視点が欠落している。

筆者は相模原市職員の資質が低いとは考えない。しかし、専門性をもった専門職の確保に課題が残っていることを真摯に受けとめなければならない。そのなかで、さまざまな問題を抱えた住民の生活が網の目から漏れてしまうことは想像に難くない。これは相模原市だけのことでなく、多くの指定都市や中核市などが抱えている問題でもある。

津久井やまゆり園は、すでに見てきたように手厚い職員配置で重度重複障害のある人を積極的に支援してきたところである。県もそれを支えてきた。このように考えると、本事件は日本中のどこで起きても不思議ではなかったのである。障害をもった人たちをはじめ、さまざまな人が地域の中で安心して暮らし続けられるのか。それを自治体がどう支えるか、国はそのための財政責任をどのように負い、差別のない社会をめざすのか。これらが問われているのである。

あらためて相模原市・神奈川県に期待すること

相模原市から事件についてのコメントが八月一五日に発表されたが、神奈川県のコメントと比較すると、やや時機を逸した感もあり、内容も平板なものという感が拭《ぬぐ》えない。

相模原市は、「相模原市子どもの権利条例」を二〇一五年三月に制定している。子どもの権利を保障するための救済委員の設置など、優れた条例である。今回の相模原事件を契機として、二度とこのようなことが起きないような「障害をもった人の権利条例」・「差別禁止条例」等が早期に制定されることを期待したい。

施設の設置者である神奈川県は、九月一三日に「津久井やまゆり園事件検証委員会」を設置することを決定し、第一回の委員会を九月二一日に開催した。なお、社会福祉法人かながわ共同会から事件に関する中間報告が県に提出されたとの報道（一〇月四日、福祉新聞）があるが、内容は非公開である。県の検証委員会において、施設運営や警察のあり方等を含め、今後どのような検証がされるのか注目をしていきたい。

社会福祉法人かながわ共同会および津久井やまゆり園家族会からの「現地での施設建て替

え」要望を踏まえ、県は現在の敷地で建て替えることを九月二一日に発表した。事件の傷跡が深く残り、入所者も職員もフラッシュバックを起こすことを考えると、建て替えは当然である。工事費は六〇～八〇億円、完成は四年後の二〇二〇年度になる見込みという。

施設の建て替えと並行して進めてほしいことがある。この場所で一九人が亡くなったことを追悼し、二度とこのような事件を起こさない決意を「形」として示してほしい。追悼施設には、亡くなった人の氏名・生年月日を、家族会の合意を得て明示してほしい。

建て替えの方法については、施設の入所者数をできるだけ減らし、普通の生活に近づけるような、グループホーム的な居住形態をめざしてほしい。たとえば社会福祉法人ゆたか福祉会の「第二ゆたか希望の家」「グループハウスなぐら」などの実践例も参考になる。

神奈川県は、重度障害者の地域居住を本格的にめざすべきと考える。すでに横浜市内などで、そのような事業も実施されている。このような事件を契機に、わが国最先端の地域居住をめざしてほしい。

県は、相模原事件を受け「ともに生きる社会かながわ憲章」を二〇一六年一〇月一四日に制定した。これ自体は評価できるが、やはり県としての「障害をもった人の権利条例」・「差別禁止条例」等を制定することを期待したい。

4　国による差別の構造

最後に、本事件に対する国の責任について指摘したい。国の障害者施策をはじめ社会保障施策はこの間拡充できず、むしろ後退的であったことを看過してはならない。

二〇〇六年に障害者自立支援法が施行されて以降、毎年日比谷公園周辺等で当事者などによる大きな反対運動が起きた。主な問題点は、必要なサービス支給量が制限的であること、サービス利用にあたり応益負担（一割負担）となったことなどである。

七一人の障害者が自立支援法を違憲として国を訴えた訴訟は二〇一〇年一月七日に和解した。事実上の国の全面的な敗訴といえるものである。この合意事項により障害者基本法が改正され、当事者が参加した「障がい者制度改革推進会議」で、新たな法体系についての検討が始まった。しかし、推進会議の第一次意見までは順調に経過したが、その第二次意見以降は財政上の理由等から事実上尊重されることはなかった。障害者総合支援法（二〇一二年六月成立、二〇一三年四月・二〇一四年四月施行）も、障害者自立支援法の内容を色濃く残したものであった。

国連の障害者権利条約についても、わが国は二〇〇七年九月に署名したものの、批准は二〇一四年一月二〇日であった。

消費増税と一体で社会保障制度改革をすすめるという社会保障制度改革推進法（二〇一二年）

は、「自助・共助・公助」の組み合わせや家族・国民相互の助け合いを強調するという、明治時代の「恤救規則《じゅっきゅう》」の時代に時計の針を戻すような、社会保障制度として不適切なものであった。現代の家族が従来のような三世代同居を前提にできないことは多くの調査結果で示されている。あらためて「家族相互の助け合い」を登場させることに、何としても社会保障給付費の伸びを抑制するという政権担当者の執念を感じる。

介護労働者の労働実態

介護人材の賃金の状況について、「賃金構造基本統計調査」に基づく資料を見ると、表5のようになっている。全産業計の賞与込み給与は三六万二三百円であるが、福祉施設介護員は、二六万三四百円と、一〇万円近くの差がある。

インターネット等で検索する限り、障害者福祉関係従事者の全体的な労働条件・勤務実態についての資料は見当たらない。ここでは財団法人介護労働安定センターの「平成二七年介護労働実態調査結果」からその調査結果の一部（図2）を見る。これらを見ると、きわめて明快である。要するに、介護職員の賃金を大幅に高めない限り介護現場の人員不足は解決できず、職員のモチベーションも、社会的評価も上がらないのである。

なお、相模原市でも二〇一六年三月に「相模原市介護職員等に対する就労意識調査報告書」をまとめている。労働条件の悩み、不安、不満等については、同様の傾向にある。

表５　平成27年賃金構造基本統計調査（一般労働者、男女計）

	平均年齢（歳）	勤続年数（年）	賞与込み給与（千円）
産業計	41.6	10.6	362.3
対人サービス業【(A)と(B)の加重平均】	39.7	7.9	273.6
宿泊業、飲食サービス業（A）	40.6	7.6	252.6
生活関連サービス業、娯楽業（B）	38.8	8.3	285.6
医師	40.0	5.1	915.2
看護師	38.2	7.8	398.6
准看護師	48.3	10.9	330.6
理学療法士、作業療法士	31.5	5.3	337.3
介護支援専門員（ケアマネージャー）	47.0	8.7	308.9
介護職員【(C)と(D)の加重平均】	40.3	6.1	262.3
ホームヘルパー（C）	45.3	6.6	253.6
福祉施設介護員（D）	39.7	6.6	263.4

（出所）厚生労働省「平成27年賃金構造基本統計調査」に基づき老健局老人保健課において作成

図２　労働条件等の悩み、不安、不満等

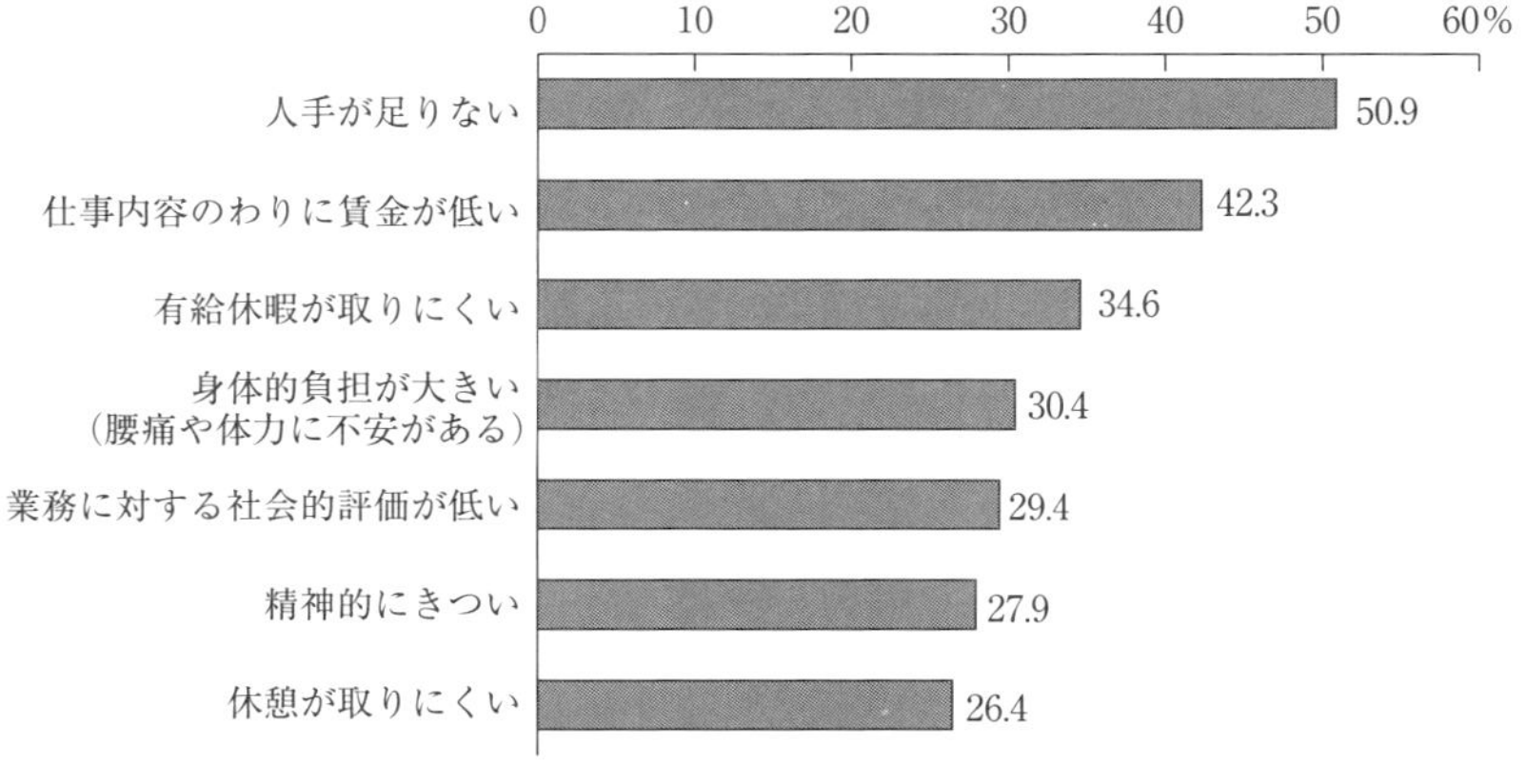

（出所）財団法人介護労働安定センター「平成27年介護労働実態調査結果」平成28年８月５日

再発する施設職員による施設入所者の殺人事件

相模原事件のように、施設の職員や元職員による施設入所者の殺人事件は過去にも生じており、今後も生じる可能性がある。二〇一六年二月には、川崎市の有料老人ホームにおける連続転落死事件について、「殺人容疑の元職員『手がかかる人』供述　川崎・転落死」（二〇一六年二月一七日、朝日新聞）等と報道されている。

このようなサイクルを断ち切るためには、国による差別の構造を抜本的に改め、自治体とその専門機関の役割を再構築し、国連の障害者権利条約に沿った施策を実現しなければならない。相模原事件は、この障害者権利条約のすべての条文に反するものであり、二度と起こしてはならないものである。

国民・住民の貧困・格差が拡大し、社会保障費用の逼迫《ひっぱく》と消費増税路線のなかで、固有のニーズのある人の存在を「必要のない人たち」と考える風潮も否定できない。容疑者の精神構造にも、このような社会背景が投影されていると考えざるをえない。

社会保障・社会福祉を、全国民を対象とした普遍的制度とし、所得保障制度を確立し、固有のニーズのあるときには現物給付で対応するような、普遍的な社会保障・社会政策をつくり上げていく必要がある。そのための財政の役割についても国民間で共有しなければならない。

障害のある人の支援政策を問い直すべきでは

斎藤なを子　きょうされん副理事長

「怖い」「怖くてたまらない」と、ひと呼吸を置いて、やっとの思いで口にされる障害のある仲間の皆さん。精神科入院歴のある方や、生活保護を利用されている方たちからは、「自分たちが社会からどう見られるのだろうか」という不安が漏れます。〝事件について触れたくない〟〝心に蓋《ふた》をしてしまっている〟ような状態、障害のある方たちがこの事件から受けたショックの大きさと、その傷の深さを強く感じます。

私自身もこの事件の現実に戦慄《せんりつ》を覚えました。すぐに蘇《よみがえ》ってきたのは、二〇一五年七月に訪れた、ナチス・ドイツ下での「T４作戦」による障害者専用殺戮《さつりく》施設ハダマーのことです（NHK取材班と藤井克徳氏の現地取材に同行した）。

わずか一二平方メートルに五〇人が押し込められたガス室の中で、一人ひとりがいったいどんな状況でその最期を迎えたのであろうかと、胸苦しくとても言葉にはなりませんでした。多くの医師や看護師、介護職員たちがこの殺戮行為に加担し、しだいにエスカレートしていったことも衝撃的でした。「T４作戦」のもとには、障害のある人を「生きるに値しない命」、コストのかかる「社会のお荷物」とする考え方がありました。今回の事件がこうした考え方と相通じていること、そこにしっかりと目を向けて、現代の日本でなぜ引き起こされてしまったのかを検証していくべきであると思います。

この間、障害者支援や高齢者介護、看護にたずさわっている人たちの中から、「似たようなことは他でもまた起こりうるのではないか」「うちは一〇〇％大丈夫と言える自信がない」という気持ちが少なからず出されています。このような現場の不安感をもたらす背景には、制度の問題が根深く横たわっているように思います。

この一〇年間ほどで、障害者施設・事業所では、非正規や非常勤職員の比率が一気に高まり常態化しました。複数の職員を一人分とみなす常勤換算制度によってです。こうした発想のもとでは、職員が孤立せずにお互いに高め合いながら、専門性や経験を培《つちか》っていくことをとても困難にしています。また、目標工賃達成や就職率による加算、日払い方式による報酬制度など、障害のある人への支援に関する政策のベースに、生産性や効率性、成果主義や競争原理が重視されてきました。それが土壌となって、障害のある人への支援水準やあり方を規定し、さまざまな影響を及ぼしてきたのではないかと思います。

現在、支援職員の身分や待遇の低さと相まって、その人材確保の厳しさが際立ってきています。地域でのグループホーム設置に際し、近隣住民の方たちの理解が得られないこともしばしば生じています。今回の事件が契機となって、障害のある人たちをとりまく支援環境の低下にさらなる拍車がかかっては、犠牲となられた皆さんの真の思いに応えていくことには決してなりません。

政府や国会をあげて、障害のある人たちの人としての尊厳と権利を守る観点から、制度や政策の思い切った拡充を図っていくことこそを求めたいと思います。

いのちの重み、胸に刻んで

萩崎千鶴　公益社団法人やどかりの里、やどかり出版

二〇一六年七月二六日早朝、テレビ画面を通して伝えられた衝撃的な事件。まるで自分に刃が向けられたかのように痛みを感じた人たちが、全国にどれだけいたでしょう。

戦後最大規模の殺人事件、無抵抗な人たちへの残虐《ざんぎゃく》極まりない犯行、「障害者はいなくなればいい」という思想のもと殺された障害のある人たち、容疑者が元施設職員だったという事実、そして措置入院の経験があった容疑者……事件のあまりの複雑さに、私は当初いっさいの思考を放棄しました。精神障害のある人たちとともに働く職員として、障害のある人を親族にもつ者として……。

そのような折、「事件の本質を探ること、事件から目を背けないことが、一九人の人たちへの報いとなる」という藤井克徳さんの言葉にふれ、事件に向きあうことを決めました。障害のある仲間と出版社で働く私は、現在『響き合う街で』（やどかり出版）という雑誌で、事件に関する企画をすすめています。

事件当初、容疑者の特異性ばかりが報道されましたが、その容疑者固有の問題として捉えてよいのでしょうか。以前、石原慎太郎元都知事は、重度の障害がある人たちの施設を訪問した際「ああいう人には人格があるのかね」と発言しました。昨年は、茨城県の教育委員が「（障害のある人たちを）

減らしていきたい」と発言しています。そうした発言が容認されてしまう社会そのものに問題があるのではないかと思います。

そして忘れてはならないのは、私たち一人ひとりが、その社会の一構成員であるということです。私たちは歴史のなかで、優生思想を生み出す土壌をつくってきたのではないでしょうか。それは小さな差別や偏見、あるいは無関心がつくり出したことかもしれません。私自身、親族に障害のある人がいるという事実は、長く家族から知らされませんでした。

私は、障害を隠さなければならない社会こそ変えるべきだと思います。障害のある仲間が教えてくれたのは、生きる力と感性の豊かさでした。私は、その人たちと共に生きていきたい。彼らが教えてくれた価値観を発信していきたいのです。

私たちは一人ひとり、誰もがかけがえのない生命体です。そのいのちに優劣はつけられず、決して誰かの手で奪われてよいものではありません。今こそ一人ひとりのいのちの重みを胸に刻みましょう。誰もが「生まれてきてよかった」と思える社会の実現に向けて。

今度こそ、精神医療改革をめざした議論の開始を

氏家憲章《うじいえのりあき》　社会福祉法人うるおいの里理事長

政府は、津久井やまゆり園事件を契機に、精神科病院への強制入院である「措置入院制度」の強化をねらっています。わが国の精神医療政策を振り返ると、精神医療政策の見直しは常に精神障害者や精神科病院の不祥事が契機でした。そのため、精神医療政策の基本問題を本格的に議論することなく六十数年が経ってしまいました。そのため、先進諸国の精神科医療と国内の一般医療とに「二重の格差」を抱えています。

深刻な「二重の格差」

日本を除く先進諸国の精神科医療は、病気や障害があっても地域で、医療支援と生活支援によって社会生活を営める時代です。たとえ入院になっても一カ月以内です。しかし、わが国は先進諸国で唯一、精神科病院への入院中心の隔離・収容の精神医療政策を継続しています。そのため、在院患者の三人に二人の二〇万人が、一年以上の長期入院です。

しかも、精神科病院の収入は一般病院の三分の一です。医師は一般病院の三分の一、看護師・職員総数は一般病院の半分です。

精神医療政策は国の最重要課題

日本でも他の先進諸国でも、精神疾患はガンや循環器疾患と並ぶ三大疾患でそのトップです。精神疾患の受診者数は国民の四〇人に一人と、糖尿病（五四人に一人）、ガン（八三人に一人）を上まわる第一位です。そして深刻な自殺者、引きこもり、虐待などなど、国民のこころの健康問題は深刻です。

精神疾患やこころの健康問題による社会的・経済的（医療にかかる費用・働けないなど）損失は、厚生労働省発表によると、うつ病と自殺だけで二兆七〇〇〇億円（二〇〇九年）です。現状のまま二〇二五年を迎えると三〇兆円という損失試算もあります。

社会と経済活動の健全な発展のためにも、精神医療政策の改革は急務です。

精神科医療の到達点を提供できる日本に

何かあったら精神科病院の強制入院の強化で終わらせる対応は、もうやめるべきです。いま求められていることは、今日の精神科医療の到達点である、入院医療中心から地域生活中心へと、精神医療政策の基本を転換することです。

そして、精神科医療を一般病院と区別し、精神科医療の差別的あつかいを解消して、一般医療と同水準の医療の体制を整えることです。一九五〇年代に構築した精神医療政策を、今日の時代に対応できる精神医療政策に改革することが必要です。

この方向こそ、国民に安心・安全の精神科医療を提供し、問題発生の真の防止策になるものです。

5　相模原事件の根源を問う——人権保障の視点から

井上英夫（金沢大学名誉教授、佛教大学客員教授）

はじめに

今年七月二六日、相模原市の施設「津久井やまゆり園」で重度の知的障害をもつ人一九人が殺害された。事件には大きな衝撃を受け、いのちが無残に奪われたことへの怒りと、「いよいよ来たか」という、二つの感情が湧いた。

まず、事件がいのちを守り人権を保障する場である福祉施設で、しかも、人権のにない手であるべき元職員によるものであったことへの怒りである。

次に、容疑者が優生思想の持ち主だったことである。日本社会、国の根底にある優生思想・劣等処遇意識のマグマが噴出し、まがりなりにも戦後社会の築いてきた人権保障、とりわけ憲法二五条を激しく揺さぶっていると思う。

1　いのちの軽さ――いのちが切り捨てられている

貧困の拡大・深化にともない餓死や孤立死、自殺、そして介護殺人、心中という名の殺人が起きている事実はもっと大きく取りあげられるべきである。貧困によっていのち＝生命権そのものが侵害され剝奪されている。国連や外国で介護殺人について報告すると、「そんなことがあるなんて信じられない」と驚かれる（井上「貧困と住み続ける権利、人権としての社会保障・生活保護」『貧困研究』一六号、二〇一六年を参照）。

各地の事件現場を訪れているが、いのちがどんどん軽いものになっていると痛感する。たとえば二九年前に、札幌市白石区で母子家庭の母親が餓死する事件があった。生活保護や福祉行政の問題が指摘され、『「福祉」が人を殺すとき』（寺久保光良著、あけび書房、一九八八年）という本も出された。当時、行政職員は大あわて状態で、いわば血相を変えていた。福祉の現場にも「大変なことが起きた」「こんなことがあってはならない」という意識が当時はあった。

ところが二五年後、同じ白石区で姉妹の餓死事件があり、同じように真相究明のため調査に行ったが、若い四二歳と四〇歳の二人が亡くなったことに対する切実さが、行政幹部や職員からは感じられなかった。さらに昨年、千葉県銚子市で母娘心中事件が起きた。この事件について『なぜ母親は娘を手にかけたのか――居住貧困と銚子市母子心中事件』（井上ほか編著、旬報社、二〇一六年）を出版したが、ここでもやはり県、市の職員はもちろん近隣の住民にも、「大変なことが起きた」という切迫感はなかったのである。

その原因は行政職員等個人の問題にとどまらず、社会保障・社会福祉政策にも問題がある。福祉・医療市場へ営利企業がつぎつぎ参入し商品化・営利化がすすめられ、貧困ビジネスが跋《ばっ》扈《こ》している。そして社会全体が利潤追求のための競争型社会へと突きすすんでいる。とくに労働現場では効率化・合理化により、働けない人は社会にとって価値がないと排除されていく。社会全体として、いのちのあつかいが軽くなってきている。かつて「一人のいのちは地球より重い」といわれたが、そうした認識は薄れてきていると言わざるをえない。

2　相模原事件の構造――いのちが差別されている

そのなかで今度の事件が起きた。たんにいのちが軽くなっただけではなく、いのちの価値に差がつけられ、「生きることが許されるいのち」と「抹殺されるべきいのち」の選別がおこなわれている。

①優生思想――「一億総活躍社会」と相模原事件

事件の容疑者が優生思想の持ち主であるということが指摘されている。人種、障害、病気等を基準に人間に価値の優劣をつけ、社会の役に立たない劣等者は抹殺してよいとする優生思想が、あからさまに露呈されている。しかし、個人の問題を超えて、優生思想と劣等処遇意識を根底とした歴代政権の社会保障・社会福祉政策の貧困こそ、これら思想を作出・助長し殺人に至らしめた真因であると認識すべきであろう。

その象徴が、安倍政権の掲げる「一億総活躍社会」である。戦争へ国民全体を駆り立てるための戦前の標語「進め一億火の玉だ」を想起させるが、安倍政権の「本音」を表していると思う。第二次大戦のころの日本の人口は七二〇〇万から七三〇〇万人、植民地の朝鮮・台湾をあわせて一億人すべてを動員するものであった。ところが、現在の日本の人口は約一億二七〇〇万人である。なぜ「一億」総活躍なのか。残りの二七〇〇万余の人はどうなるのか。

麻生太郎現副総理兼財務相は、「政府の金でやってもらっていると思うと……さっさと死ねるようにしてもらうとか、いろんなことを考えないといけない」（二〇一三年）、「九〇になって老後が心配とか、……『おまえいつまで生きているつもりだ』と思った」（二〇一六年）などと発言している。まさに優生思想・劣等処遇意識の露呈にほかならず、相模原事件の容疑者の思想と軌を一にしている。「一億総活躍社会」とは、働けない、活躍できない残りの二七〇〇万の人々は死んでもいい、生きるな、という社会と言わざるをえない。優生思想については本格的に論じる必要があるが、あらためて機会を持ちたい。

②恩恵主義と劣等処遇意識

現在の社会保障、とりわけ生活保護政策の根底にあるのが恩恵主義と劣等処遇意識である。優生思想のような科学的な衣を着ていないだけ、直接的な差別に連動しやすい。二〇一二年に起きたお笑い芸人に対する生活保護バッシングの折の、片山さつき議員の言動が代表的である。低所得、貧困者は「弱者」でかわいそうだ、お恵みで保護してやる。しかし貧困になるのは怠け者であり、努力できない劣等な人間だ。税金で食わせてもらっているのだから、働いている人たちより生活が低くて当たり前だ。生活保護基準は高すぎる、低くしろ、というのである。この意識は、文句を言うな、保護されているくせに生意気だ、という権利性の全面否定と、「お上」や「他人様」の世話になるなという「自立・自助」「自己責任論」へとつながる。

この恩恵主義と劣等処遇、そして本人・家族の「恥という意識」と社会からの刻印（スティグマ）を克服し、人権として確立するのが生活保護・社会保障の歴史であった。私たちのいのち、生存を守り、人間の尊厳に値する「健康で文化的な生活」を確立するために、どのような国をつくるか。国のありようが問われている（井上ほか編著『新たな福祉国家を展望する』旬報社、二〇一一年参照）。

今回の事件は、根底で優生思想に根ざすと同時に、私たちの心の内にあるこの劣等処遇意識に裏打ちされたものではないか。こうした視点で容疑者像を読み解いていく必要があると思う。どんな人間で、その思想がどう形成されてきたのか。容疑者の家族、成育歴を考える。同時に、被害者たる知的障害のある人たちの名前を秘匿《ひとく》した家族の側の問題も考えなければならない。そこに偏見や差別の問題があり、地域や社会全体の意識と結びついている。

そして、根底にはやはり貧困の問題があり、貧困と差別の関係をきちんと押さえなくてはならない。貧困を理由に差別が起こる場合が非常に多いのであるが、それだけではない差別もある。簡単にいえば、裕福な家庭でも家族の中に「障害者」がいることを隠すことはあるだろう。そういう意味では、貧困と密接にリンクした差別と、貧困とは相対的に区別された差別の問題の両面を捉える必要がある。

③「偏見」と「差別」は同じか

また、「偏見」と「差別」は同一視されることが多いが、その違いを見極める必要がある。偏見は内心や思想の問題であり、憲法でいうと一九条（思想および良心の自由）、二〇条（信教の自由）と関係している。誤解を恐れずにいえば、どんな偏った思想や考えをもっていても、それは人権として保障されるべきである。国はむやみに介入・禁止してはならない。ただし、それが具体的な行動、発言、行為に移されたときには差別になるわけである。その意味で、憲法一四条が禁止しているのは偏見そのものではなく、不合理な差別である。

偏見とは間違った考えであるが、つい七十数年前まで侵略戦争や優生思想が正しいとされ、国によってホロコーストがすすめられた。現在間違った考えとされているものでも、時代が変われば認識が変わることもありうる。しかし、仮にそういう偏見をもつ人がいたとして、なぜ一線を超えて殺してしまえるのか、この点の解明が一番大事ではないか。もちろん偏見を正し、なくしていくことも大事なことであるが、別の一面も考える必要があると思う。

④偏見・差別を作出・助長しているのは誰か――国の責任

ひとつの大きな柱として、この事件と国の関係というテーマを立てていく必要がある。

個人対個人の関係と、個人対国家の関係では、人権のありようが異なる。人権は国家によって保障されるべきものである。これが国家と人権の基本的な関係である。保障する義務は国家にあり、国民にはそれを要求する権利がある。これに対して国民相互の関係、すなわち個人と個人の関係では、人権は「尊重」されなければならないが、国民に「保障」義務はない。

企業や団体は個人とは異なり、国とは違う人権保障義務を負っている。企業はたとえば労働者を雇うことにともなう労働権保障、すなわち人間らしい労働条件を保障しなければならない。この場合、国は企業による差別を禁止し、労働条件を保障させる間接的義務を負うのである。この事件では、やまゆり園のような福祉施設は人権の砦《とりで》として、直接障害をもつ人への人権を保障すると同時に、人権のにない手たる職員への労働権保障の義務も負う。

さらに国家や自治体は、政策によって差別を作出・助長することがある。そのような事態を生むのは、政策自体の貧困による。

貧困や差別とは社会が生み出すものだから、国が差別的な法律を作り行政をおこなうことも致し方ないとする主張がある。しかし、ハンセン病国賠訴訟の熊本地裁判決（二〇〇一年）は明確にその主張を否定した。ハンセン病に対する差別はもともと社会の中にあったものだとしても、それを国が隔離収容政策により作出・助長したもので、憲法二二条の居住移転の自由違反として立法府・司法府に責任があると明確に述べた。このように国家の責任を捉える必要がある（井上『患者の言い分と健康権』新日本出版社、二〇〇九年参照）。

⑤ハンセン病政策と優生思想・劣等処遇

ハンセン病の強制絶対終生隔離収容絶滅政策は、優生思想と劣等処遇政策を代表するものである。重監房（特別病室）、断種・堕胎《だたい》、堕胎された胎児の標本化という無惨な歴史があった。アウシュビッツの絶滅収容所にも匹敵する政策だったということは強調されてよい（ハンセン病政策については井上「ハンセン病政策と人権――現在、過去、未来」『ゆたかなくらし』二〇一四年八月号以降の連載、優生思想については藤野豊『日本ファシズムと優生思想』かもがわ出版、一九九八年を参照）。

戦時体制下の一九三一年の「癩《らい》予防法」から隔離収容絶滅政策が強まるが、戦後の日本国憲法のもとでも、戦前に引き続いて断種・堕胎が続いてきた。日本の植民地であった朝鮮ではさらに過酷な状況をつくりだした。韓国のソロクト（小鹿島）のハンセン病療養所でも断種や堕胎がおこなわれていた。韓国での断種は一九九〇年代まで続けられ、いま裁判が起きている。

日本のハンセン病政策が、植民地でも大きな人権侵害を引き起こしてきたということも直視しなければならない。

日本では一九九六年らい予防法廃止、二〇〇一年熊本地裁判決と続き、その後立法府・行政府、そしていわゆる「特別法廷」問題では司法府までが過ちを認め、二〇一六年四月に謝罪をした（井上「ハンセン病問題と人権――『特別法廷』問題を中心に」『月刊保団連』二〇一六年八月号参照）。今回の相模原事件の根源をたどってみると、直接的な国家の法的責任をどう立証するかという問題はあるが、大きな枠でいえば国家政策が事件を生みだした、あるいは作出・助長したと言わざるをえない。

ハンセン病問題に対しては立法府・行政府そして司法府が謝罪をし、その後不十分とはいえ人権教育等もしている。しかし相模原事件に対しては「お悔やみ」すらなく、まして謝罪もない。やはり国家責任が厳しく追及される必要があるであろう。

3　人権保障の歴史と意味――人間の尊厳と社会保障

相模原事件を考える上で、人権の視点を強調してきた。とりわけ社会保障・社会福祉を人権として保障することが、生命権を奪うような事件を根絶することになる。その点、社会保障の基本を「自助・共助・公助」とした社会保障制度改革推進法（二〇一二年）は、憲法二五条の立法改悪であり、違憲・無効というべきである。社会保障は人権として「保障」されるべきものであり、決して「公助」すなわち恩恵による支援や援助ではないということを、とくに強調しておきたい。思想的には一八七四（明治七）年の恤救《じゅっきゅう》規則の時代に戻るものである（この点は井上「福祉国家・住み続ける権利・人権としての社会保障」民主主義科学者協会法律部会編『改憲を問う――民主主義法学からの視座』『法律時報』増刊、日本評論社、二〇一四年を参照）。

ここでは、人権そして社会保障の理念である、人間の尊厳についてふれておきたい。

①人間の尊厳――人権、社会保障の理念として

人権保障の基盤をなす理念が「人間の尊厳」であるということは、日本国憲法の前文と一三条、二四条等に明らかである。一三条は「個人の尊重」という言葉を使っているが、憲法学で一般的には「人権の基本理念は人間の尊厳である」とされる。一九四八年の世界人権宣言から、それ以降の六六年国際人権規約、二〇〇六年の「障害のある人の権利条約」等の国際条約に至るまで、人権の理念は人間の尊厳（Human Dignity）である。その理念を具体化すれば「自己決定」と「選択の自由」、そして「平等」の原理ということになる。憲法一四条は、すべての人の法の下の平等を謳《うた》い、不合理な差別を禁止している（井上ほか編著『障害をもつ人々の社会参加と参政権』法律文化社、二〇一一年参照）。

人間の尊厳という理念は、アウシュビッツや第二次世界大戦の悲惨な歴史への反省から生ま

れたものである。それが一九四八年の世界人権宣言により人権の理念として明確に据《す》えられ、戦後世界は人権保障を柱にしていくことになった。日本国憲法は一九四六年制定であるが、戦後の人権保障の潮流の中にあったのである。

さらに、人間の尊厳とは何か。前提にあるのは、「人間は価値において平等である」ということである。それをより具体化すると、一人ひとりは絶対に他者に取って代われない存在だということである。今回の事件で多くの人が殺されたわけであるが、量的な問題ではなく、取って代われない一人ひとりのいのちが奪われたということを、もっと深刻に考えるべきであろう。

②ノーマライゼーション、共生、インクルージョン、そして人権

ノーマライゼーションやインクルージョン、あるいは共生社会といった言葉が、ある種の流《は》行《や》り言葉のように語られているが、いずれの考え方や実践も、核にあるのは人権である。

ノーマライゼーションを唱道したバンクミケルセンも言うように、人権保障が徹底された社会がノーマライゼーション社会であり、それができれば共生・インクルージョンも可能となる。がんばってこの現実社会に生きろと押しつける共生（強制）ではなくて、障害をもっていても誰でも生きていけるように社会を変えた上で、一緒に生きるということである。

人権とは枠組み保障であり、社会保障・社会福祉でいえば、その原理・原則に基づいて保障水準やケア、生活の内容・質を創造するのがノーマライゼーションやインクルージョンの実践

ということになろう。別言すれば、人権とは、道徳や倫理のような守るべきルールのうち、最低限のルール、たとえば「人を殺してはならない」を国家権力によって強制するものである。さらに現代の人権（Basic Human Rights）は、これに加え、社会保障のように人々が人間らしく生きていくために必要な基本的ニーズ（Basic Human Needs）を保障するものである。

現代社会では、人権はたんに思想であるだけではなく、社会の制度・システムである。立法府、行政府、司法府は人権保障のための組織にほかならない。とりわけ人権の侵害、剝奪に対しては、違憲立法審査権を裁判所に行使させて、違憲の立法・行政を無効にできる。この点が人権保障の最大の意義である。

③障害者像の転換——障害者から「固有のニーズのある人」へ

人権保障の時代、障害者という呼称は使うべきではない。国連の権利条約は「障害のある人」の権利条約である。法律上は「障害者の権利に関する条約」という公定訳になってしまったが、英文ではConvention on the Rights of **Persons with Disabilities**すなわち「障害のある人」の権利条約で、一九八一年の国際「障害者」年（International Year of **Disabled Persons**）以降の、この間の人権保障の発展をふまえたものである。

さらに私は、障害ではなく「固有のニーズ」と捉えるよう提唱している。一人ひとり異なるニーズをもつ個人があり、その人がたまたま障害があるなど固有のニーズをもっている。しかし人間としては共通であり、その部分は普遍的人権によって保障され、さらに固有のニーズ部分は固有の人権として保障される。固有の人権が徹底して保障されれば、普遍的人権も他の人と同等に保障されるという関係にある。また、障害をもつ人を客体から権利主体へと捉えなおす方向で、障害者像が展開してきているということも強調しておきたい。

スウェーデンの福祉関係者は、「重度」の人はスウェーデンにいないと言う。そうは言っても一定数はいるのではないかと聞くと、「日本から来た人はみんなそう言う」と言われる。自己決定と独立を保障するケアを十分にし、すべての人の「固有のニーズ」を満たせば、すべての人に尊厳に値する生活が保障でき、「重度」というレッテルを貼る必要はない、ということである。ただし、ひとつだけ残された問題があり、それは自傷他害のおそれのある場合である。その人たちだけは、別の建物、別の部屋、別のケアの仕方をしている。

他方でスウェーデンのそうした状況の背景に、「重度の人」は生まれる前に人工妊娠中絶によって排除されているのではないか、比較的条件が緩やかなので、その懸念も拭いきれない。相模原事件を契機に、日本でも出生前診断、中絶、さらには尊厳死問題をあらためて議論する必要があるのだが、そういう問題がありつつも、生まれ出た人に対しては、十分なケアをしていけば、容疑者が言ったような「重度の障害者は社会の役に立たない」というようなことはなくなるだろう。私たちもそういう社会をめざすことは可能である。

4　再発防止に向けて——生命権・生活権・健康権の確立

今回のような事件を何としても根絶するために、いくつかの提言をしておきたい。

①生命権の侵害・剝奪として

障害のある人の権利条約一〇条は、すべての人間が生命に対する固有の権利を有し、政府は、その権利の享有《きょうゆう》のために必要なすべての措置をとると明記している。もちろん、日本国憲法も一三条で生命権を保障している。さらに、二五条は、生命権を基礎に、生活権、健康権を重層的に保障しているのである（総称して生存権）。今回の事件では、これらの人権が根こそぎ奪われたことになる。

憲法前文には「平和的生存権」、一三条には「生命、自由及び幸福追求に対する国民の権利」が謳われている。いのちは人間の一番の基礎であり、生活権は他の人と同等の相当な生活の保障であり、健康権とは、できる限り最高水準の健康を享受する権利である。「最高水準」であり、最低限度という話ではない。今度の事件も「いのちが奪われて悲しい、気の毒だ」だけではなくて、総体として人権が奪われたという法的問題として捉える必要があるであろう。このようにして、人権の発展をもっとダイナミックに捉えることが大事である。

②人権教育の徹底と人権のにない手の育成

ハンセン病問題における立法府、行政府、司法府の例を参考に、学校教育、社会教育等あらゆるレベルでの人間の尊厳にふさわしい人権教育がおこなわれなければならない。とくに行政、病院、福祉施設等の職員への人権教育を徹底していく必要がある。ハンセン病の「特別法廷問題」では、有識者委員会が裁判官はじめ司法府の職員に対する人権教育を提言し、最高裁はすでに動き出している。職員の人権教育を徹底し、人権のにない手として育てる。このことが職員以外の人々、とりわけ学校教育での人権教育にもつながり、社会全体の人権意識の向上となる。さらに固有のニーズをもつ人本人・家族の人権学習も、もっと徹底する必要があろう。

③事件の真相究明と死刑廃止論——ノルウェーに学ぶ

二〇一一年七月二二日、ノルウェーの首都オスロの政府庁舎爆破事件とウトヤ島銃乱射事件が連続して発生した。オスロ近郊にあるウトヤ島では、ノルウェー労働党青年部の集会がおこなわれており、一〇代の青年六九人が殺害された。両事件で七七人が死亡し、ノルウェー国内において第二次世界大戦以降最悪の惨事とされている。

犯人のアンネシュ・ブレイヴィークは、イスラム教・移民・多文化主義・マルクス主義を憎悪し、移民を受け入れ援助するノルウェーのあり方を否定し、「非道ではあるが必要なことだった」と無罪を主張した。相模原事件の容疑者の姿に重なる。

毎年ノルウェーに行っている私は、二つの点でこの事件に大きなショックを受けた。ノルウェーは「自分たちは幸福である」と考える率がもっとも高い国のひとつである。国連の二〇一六年版「世界幸福度報告書」によれば、幸福度の総合ランキングではデンマークがトップで、その後に僅差でスイス、アイスランド、ノルウェー、フィンランドと続いている。そこで事件が起きた。もちろん移民問題が大きな契機なのであるが、人種差別・宗教差別、そして根底には優生思想があり、ヒトラーへの共感も含まれている。逮捕された後、容疑者がヒトラーのように手を挙げて、ニコニコしながら法廷に入ってきた映像が流れた。そのときちょうどノルウェーのベルゲンにいた私は、それにもショックを受けた。

二つめは、この事件に対するノルウェー司法、そして社会の冷静かつ寛容な反応である。二〇一二年八月二三日、オスロ司法裁判所は容疑者に対して禁錮最低一〇年、最長二一年の判決を言い渡した。これは同国における最高刑である（「人道に対する罪」が適用されれば禁錮三〇年）。裁判では二度精神鑑定を受け、再鑑定により責任能力ありとして有罪になった。裁判中は死刑制度の復活や無期刑の導入が呼びかけられるなどの動きがあった。しかし、被害者・家族の人権のみならず、加害者の人権についても徹底して保障するという原則が貫かれたのである。

現在ブレイヴィークはオスロ近郊の刑務所に服役しており、所内の待遇改善を求め、二〇一五年夏にはオスロ大学に入学を認められ服役先で政治学を学ぶことになった。学長は「必要な条件を満たせば受刑者も高等教育を受ける権利がある」と述べた。まさに応報刑ではなく教育刑を刑罰の基本としているのであるが、その実践を徹底しているわけである。

ひるがえって日本では死刑容認論が根強い。二〇一四（平成二六）年度の「基本的法制度に関する世論調査」によれば「死刑もやむを得ない」八〇・三％、「死刑は廃止すべきである」九・七％、加えて「仮釈放のない終身刑が導入されるならば、死刑を廃止するほうがよいと思うか」との質問に対しても「廃止しないほうがよい」五一・五％、「廃止するほうがよい」三七・七％であった。

確かに、被害者本人の無念さ、遺族の感情、気持ちは尊重されなければならない。家族のいのちを奪われたことは、家族をつくり、維持し発展させるという「人権としての家族」（国際人権規約A規約一〇条、憲法二四条）の侵害・剝奪にほかならない。

しかし、同時に再発防止や根絶も家族・関係者の願いであろう。そのためには事件の本質を究明しなくてはならない。事件の究明は、むしろ死刑によって道を絶たれてしまう。日本では過去にそういう事態がしばしば起きている。この際、死刑廃止をこの問題と一緒に考えるべきではないかと思う（死刑廃止論については団藤重光『死刑廃止論』有斐閣、一九九一年参照）。

日本弁護士連合会は一〇月七日、「二〇二〇年までに死刑制度の廃止を目指し、終身刑の導入を検討する」とする宣言を採択した。日弁連が死刑廃止を明確に打ち出すのははじめてのことである。罪を犯した人の社会復帰のための施策の確立を求め、死刑廃止についての全社会的議論を呼びかけたものである。

殺すことによる報復という発想自体がテロに通じ、戦争にも通じる。その連鎖を断ち切らなければいけない。残虐なアパルトヘイト政策を遂行した白人に対し、ともに虹の国をつくろうと呼びかけ報復の環を断ち切ったネルソン・マンデラと南アフリカ共和国の人々の例を見れば、すでに人類はこのレベルまで達しているのではないであろうか。

一〇月一二日、相模湖駅からやまゆり園へ向かうタクシーの車中、運転手は「あんな奴は即刻死刑にすべきだ」と、死刑廃止論などとりつくしまもなかった。しかし「あんな奴」とは、現在の労働・社会保障政策のもとでは障害、認知症、病気等により「固有のニーズ」をもつ人すべて、そして「あなたのこと」になるかもしれない、と言いたかったのであるが、言葉を飲み込んだ。

「固有のニーズのある人」の施設を「人権の砦」に、職員を「人権のにない手」に、これが現在の痛切な思いである。そして、いかなる人も殺してはならない。殺されてはならない。「殺してはならない」には二つの意味がある。殺人を犯してはいけないということと、殺人を犯した人間を殺してはいけないということ。この二つを、この事件を契機に考えていきたい。それは、突き詰めれば非暴力ということになるのであるが。

生命権・生存権を保障する国の責任

曽我千春　金沢星稜大学教授

世界人権宣言第三条は、「すべての人は生命、自由及び身体の安全に対する権利を有する」としている。そして市民的及び政治的権利に関する国際規約（国際人権規約B規約）の第六条では「すべての人間は、生命に対する固有の権利を有する。この権利は、法律によって保護される」としている。すなわち世界人権宣言、国際人権規約B規約では、すべての人は生命権を有し、そして生命の保護は国の責任であることを明記している。加えて、日本国憲法一三条では生命権が規定され、二五条では生存権保障は国の責任であることが明確にされている。

生命に対する権利は、すべての権利の中でもっとも基本的であり、その権利を侵害・剝奪すること、されることは許されない。

今回の相模原殺傷事件は、生命権を侵害する殺人事件であり、容疑者の罪は重い。しかし、容疑者のみでなく、国・地方自治体の公的責任が存在することを忘れてはならない。生命権・生存権がもっとも保障されるべき施設において、このような事件が発生した。予測できなかったこととはいえ、施設の基準等に問題はなかったのであろうか。たとえば人員配置基準など、とくに夜勤帯の配置、専門職員・正規雇用職員の配置は、生命を守るために十分なものであったのであろうか。

加えて、容疑者がこのような行動に走ってしまった要因は、日本の社会保障政策や社会保障制度、社会福祉制度の不十分さあるのではないか。障害のある人の生命権・生存権が保障されるような社会保障・社会福祉制度が日本に確立していたならば、容疑者が障害のある人を差別するような考えをもつことはなかったのではないか。不十分な制度であるがゆえに、あたかも障害のある人の生活が「不《ふ》憫《びん》」だという考えにおちいってしまったのではなかろうか。

障害があろうがなかろうが、すべての人の生命権保障・生存権保障が、国の責任で確立されていくならば、このような「障害者差別」の課題は解決していくと考えられる。

すべての人に与えられた生命権のうちには、生命を守る責任が国にあること、そして、人々が国にその保護を要求する権利も含んでいる。

6　共生の社会を地域からつくるために

池上洋通《ひろみち》（自治体問題研究所、日野市障害者関係団体連絡協議会）

はじめに

私は、この事件が起きたときに、大きく二つのことを思いました。

ひとつは、全社会的なプログラムとして、所得の再分配を根本的に見直すようなことも含めた国民全体の議論を起こすこと。そこで、本来あるべき権利保障を実現するために必要な制度や体制を求めること。それを含めた全社会的、国家的なプランが必要であると思ったのです。

二つめは、それと並行して地域社会のレベル、日常生活レベルで、格差・差別を克服していく力を、主権者たる住民自身が身につけなければならないのではないか。私たちは中央政府＝国の主権者であると同時に、地方政府＝自治体の主権者でもあります。そのような主権者意識に立って、この問題を解決するということに、私たち自身が取り組むべきではないだろうかという思いを持ったのです。ここでは私は、第二のことについて語りたいと思います。

私は、自分が住んでいる東京・日野市で三二歳から五〇歳まで市役所の職員を経験しましたが、そのころからボランティアの一人として、日野市障害者関係団体連絡協議会の創立から四〇年間余、日野市の障害者運動に参加し、現在はその役員をしています。そしていま日野市の「障害者差別をなくす条例」をつくる活動に参加しています。

日本政府が「国連・障害者の権利条約」の批准に合わせて「障害者差別解消推進法」（差別解消法）を制定・公布したことをきっかけにして、全国各地で条例制定の活動がすすめられ、すでに条例を制定し、それに基づく行政を具体化させている自治体も次々に現れています。

日野市では障害者団体が広く市民に呼びかけて条例をつくるための運動組織を立ち上げ、これまでに二〇回を超える「条例案をつくる市民の討論会」と、他市の経験に学ぶ講演会を開きました。そして、それを準備し、学習会のつど新たに練り上げ提案する「条例案」とその資料を準備する会合は、二五回ほどになっています。私はそれらの会合のほぼすべてに参加し、とくに「条例案」の作成には、障害者の仲間たちと長時間にわたる検討を重ね、いまも持続しています。

「相模原事件」は、この過程で起きました。そこで私は、それらの経験をベースに、「共に生きる社会」を人々の日常生活の場である地域社会につくる、という目的意識から提言をしたいと思います。その場合、基本的な論点は四つです。

第一は、すべての障害者の人権を実現するために、地方自治体、とくに基礎的自治体である市町村の議会や行政が果たすべき役割は何かということです。

第二は、差別の構造的な現実を見すえることです。

第三は、障害者が主権者として発言し行動することの重要性についてです。

そして第四は、障害者を含むすべての住民が、主体的に「共に生きる社会」の一員になる条件とは何か、ということです。

1 「個人の尊重」と地方自治体の任務

①日本国憲法の定める地方自治の原則

第一の論点との関係で、まず日本国憲法の定める地方自治の原則について確認しておくことにします。それは次の二つです。

(1)中央政府と地方自治体は対等である。

(2)地方自治体の基本的な任務は、憲法が定める(平和的生存権を含む)すべての基本的人権を、住民一人ひとりの日常生活に具体的に実現することである。

(1)の「中央政府と地方自治体の対等性」については、憲法が、国会、内閣、司法と同じく「章」を立てて「地方自治」を規定していることを言わなければなりません。言うまでもなく憲法は、国家の目的とそれを果たすための政府の任務を定め、その任務を果たすのにふさわしい政府（権力機関）の設置と、その権限（権力行使の範囲とその方法）を定めて、権力を担当するすべての公務員に順守させるために制定するものです。日本国憲法は、その政府について、中央政府と並ぶ地方自治体の政府をおくことにしたのです。

また第九五条には、国会が特定の自治体にのみ適用される特別法を制定しようとするときは、「その地方公共団体の住民の投票においてその過半数の同意を得なければ、国会は、これを制定することができない。」と定めています。憲法の第四一条が「国権の最高機関であって、国の唯一の立法機関」とする国会であっても、特定の自治体を法的に支配することはできない――中央政府と地方自治体の対等性は明らかです。さらにいえば、この条文が、特別法に対する自治体の態度決定を（首長や議会に対してではなく）住民の投票に求めていることにも注目しなければなりません。日本国憲法の定める地方自治は、文字通りの「住民による自治」だということです。

②「個人の尊重」と市町村優先の原則

では憲法はなぜ、中央政府と対等な地方自治体と、その政府組織を制度化したのでしょうか。それが(2)でいう「地方自治体の任務」です。

日本国憲法は数多くの基本的人権条項を掲げ、それらのすべてを国民に保障する（第一一条ほか）と定めています。また、それを政府の任務とした第一三条は次のようにいいます。

「すべて国民は、個人として尊重される。生命、自由及び幸福追求に対する国民の権利については、公共の福祉に反しない限り、立法その他の国政の上で、最大の尊重を必要とする。」

ここでいう、生命についての権利、自由についての権利、幸福追求の権利が、すべての基本的人権の根本であることは誰もが認めるでしょう。日本国憲法のもとでの政府の最大任務は「すべての基本的人権の保障」だということです。

あわせて重視しなければならないのは、この条文が、すべての国民は「個人として尊重される」と規定していることです。たんに「人として」ではなく「個人として尊重される」――基本的人権は、一人ひとりの生活において、具体的に保障・実現されるのでなければならないというのです。

ここに、地方自治体とその政府の任務の基本があります。個々人の生活に基本的人権を具体化することを中央政府ができるはずもなく、地方自治体、とくに基礎的自治体である市町村がおこなうほかありません。しかもそれは、個々人の生活とその要望に向き合って、現実的・自主的な判断によっておこなうものです。このことから、「市町村最優先―都道府県優先の原則」（補完性の原則ともいう）が生まれました。個々の政策決定は、基本的人権の主体者である個人が生活する場に存在する政府組織（市町村）を最優先しておこなう、というこの原則は、一九五〇年代のはじめに国全体の方針とされ、今日に至っています。

③現実の地方自治体の行政の現場で

しかし、この原則を実現するためには、それにふさわしい自治体政府（議会・行政）がなければなりません。その点でいま、根本的な課題が指摘されています。

それを端的に示すのが職員の構造です。全国すべての市町村の職員の半数近く、または半数以上が非正規採用になっているのです。たとえば東京の多摩地域に存在する都市自治体（二六市）は、全国の市町村でもっとも高い財政力をもつ地域です。ところが、ほとんどの自治体で四割から五割、場合によっては六割近くが非正規職員になっています。つまり、単純に「財政的に苦しいから非正規職員を増大させる」というのではないのです。その根本に、地方自治体における憲法原則の軽視があることは明らかですが、中央政府による露骨な誘導がおこなわれてきたこともいわなければなりません。

その第一は、中央政府の「自助・共助・公助」路線による、基本的人権保障体制の破壊です。それは生活保護受給者への攻撃など、「弱者いじめ」の風潮を広げてきました。

第二は「自助・共助・公助」路線に基づく中央政府の財政政策、たとえば地方自治体への国庫支出金で、支出金額の基準として職員定数の削減を求めるなどの干渉的な政策を、公然とすすめてきました。そして、ほとんどすべての自治体が、この路線に屈服してきたのです。

この職員削減のもうひとつの手法が「公的業務の民間委託」です。児童福祉から高齢者福祉、障害者福祉の全般にわたって、とくに施設運営の大半を民間に委ねている自治体が、急速に増えてきました。しかも、それらの「民間施設」では低賃金・長時間労働が当然のようになっており、そこでもまた非正規職員の増大が重大視され、それでもなお経営困難におちいる施設が続出しています。

しかし問題はさらに深刻です。非正規職員の増大と業務の民間委託の増大が、自治体の政府組織の質を破壊し、「個々人の生活における基本的人権の具体的実現」という任務を果たす能力を、自治体の政府組織から奪っています。

そもそも非正規職員でいうと、その担当する任務と責任には、はじめから限界があります。当人の能力にかかわらず法制度上そうなのです。そしてそれは当然のことです。そうした職員が五割に及ぶとなれば、政府組織の質の根底が問われるべきでしょう。

私は、相模原事件を問うときに、憲法原則に基づくべき地方自治体政府の現実についての総点検が必要である、と考えています。

2　差別の現実とその構造

次に見なければならないのは、障害者差別の厳しい現実です。日野市の条例案作成の検討会などでも数多くの例が挙げられましたが、居住をめぐる問題はそのひとつです。

①居住権を奪われるということ

車いすで移動する生活者の大半が、民間の不動産業者から賃貸アパートのあっせんを断わられています。「あなたのような人に貸すことができる物件はありません」というのです。言葉づかいはさまざまですが、内容は同じです。

聴覚障害者の場合は、「火事になったらどうするのですか」と言われて断られたという例があります。「まともに発音ができず、声を上げることができないような者に貸せるアパートなどはない」というわけです。目の見えない人の場合は「火事になったときに自分で消すことができますか」と言われています。同じような理由です。

居住の自由は憲法二二条が保障する基本的人権ですが、かれらの生活には具体化されていません。日本国憲法は、地方自治を定めた第八章に、地方自治体の主権者として「住民」を定めましたが、ある自治体の住民である要件は、その自治体内に住所をもつこと（地方自治法）です。しかし、障害者の多くが居住権を奪われ、みずからの意思で自治体を選択することができない状態にあるのです。

もともと住所をもつことは、各種の権利の行使にとってもきわめて大きいことです。義務教育でどこの小学校に入るかも、選挙のときの投票所も住所で決まり、就職のときの書類にも住所を書き込むことは欠かせません。居住権というのは、まさに基本的な権利なのです。

②入居施設と差別の構造と

ここで「入居施設」と差別の構造についてふれなければなりません。

一〇年以上前のことになりますが、北東北のある自治体で、障害者の入居施設を訪ねたことがありました。もともとは市町村合併のテーマで講演に招かれた自治体でのことですが、そこに東京都の建てた施設があると聞いて見学させてもらったのです。寒冷期にも備えたきちんとした建物で、入居している障害者の全員が東京都の出身者でした。私が日野市民であることを知った施設の職員が、日野市出身の入居者がいると言い、自分が本人の意向を聞くので、できれば声をかけてあげてほしい、と言いました。そしてその入居者と面会しました。

三〇歳前後と思われる男性でした。知的障害をもつとされるその男性は、会話の途中で泣きはじめ、うれしい、うれしい、と何度も言って私の手を握りしめました。面会が終わった後で職員が「家族はまったく面会に来なくなりました」と私に言いました。そして「身内に障害のある者がいることがわかると、自分たちが変な目で見られる」ということを、多くの入居者の家族から聞かされるといいました。「だから、東京からこんなに離れたところに施設を建てたりするんですよ」。そう語った職員の目には怒りがたたえられていました。

私がそれまでボンヤリとしか描いていなかった「障害者と居住権」のテーマが鮮明になった瞬間でした。今度の事件も、こうした差別の構造を抜きに語ることはできません。容疑者は本当に「障害者は哀れだ」と思ったかもしれないのです。

③道徳教育論へのすり替え

そこで私たちが注意しなければならないもうひとつの点は、この問題を道徳教育論にすり替えてはならない、ということです。いま義務教育における「道徳教育の教科化」が始まろうとしています。そこでは、いわゆる「徳目」についての理解度や態度を、成績として点数化しようとしています。滑稽《こっけい》なことです。しかし笑って済ませるわけにはいきません。そこには人の感性や生活感覚までをも統制しようとする方向が透けて見えるからです。私たちはそれをファシズム教育としてきたのではないでしょうか。

しかし、いま相模原事件を考えるときに、「障害者への差別意識や偏見をなくさなければいけない」という物言いを借りて、ある種の権力的な道徳教育が展開されないとも限らない。そういう体制が整えられてきていることにも注意しておかなければいけない、と思うのです。

だからこそ、偏見や差別についても、その社会的・経済的な根拠をただし、科学的に語るということに重要な意味があります。そうでなければ、「たとえば相模原事件において……」というかたちで簡単に道徳教育の材料になり、特殊な人間の犯した犯罪として「教材」にされていくでしょう。

3　障害者が主権者として生きる――日野市民の条例案づくりから

①日常生活のなかでいかに問題を考えるか

では私たちは、どのようにして日常生活において「あるべき社会」をつくり上げていくべきなのでしょうか。そこで、私たちが描いてきた日野市の条例案（「障害のある人もない人も共に生きる日野市民条例」案）はどのような考え方に立っているのか、とくに日常的な生活現場において、どうしようとしているかを語ることにします。

まず、この条例の目的は次のように書かれています。

［条例の目的］

この条例は、日野市において、法の下の平等の原則に基づき、すべての市民が、障害のあるなしにかかわらず、等しく基本的人権を持つかけがえのない個人として尊重されるものであるとの理念の上に、たがいに人格と個性を尊重し合いながら、共に生きる地域社会を実現するための基本原則と基準、障害を理由とする差別を解消するための措置を定めることを目的とする。

この考えのもとに条例案では「基本理念」を掲げ、本来あるべき基本的人権の項目ごとに条を定める方法をとりました。いずれもかなり時間をかけて議論しました。障害者の権利条約（以下、権利条約）や差別解消法、さらに三〇本を超える関係法令のすべてにあたりましたが、何よりも、言葉づかいも含め、ひとつひとつが誰にでもわかるようにしようと研究し、討論したのです。その結果、基本理念には次の一〇項目が掲げられました。

［基本理念］

（1）障害者は、障害のない者と等しく基本的人権を持つ主体であり、合理的配慮により、社会のすべての分野に参加し、貢献できる者であること。

（2）障害者は、地域社会において、どこで誰と生活するかについて自由に選択する機会が確保され、原則として特定の生活様式で生活するように義務づけられないこと。

（3）障害者が、言語（手話・点字などを含む。）その他の意思疎通のための手段について選択できるように、情報の取得または利用のための手段についての選択の機会の拡大が図られること。

（4）女性障害者が、性的差別と障害による差別の複合的な差別を受けやすい立場にあることについて、共通の理解を深め、女性障害者の社会的障壁の解消に努めること。

（5）障害を持つ児童が、児童の間を含む社会的な関係において差別を受けやすいことについて考慮し、障害児童とその他の児童との交流及び共同学習を積極的に進めることなど、保育・教育を含めて広く共通の理解を深め、障害児童の社会的障壁の解消に努めること。

(6) 障害を持つ高齢者が、私生活または社会生活全般において特に困難な状況に陥りやすいことを考慮し、障害者に関する法令のほか、高齢者に関する法令による各自の自由な選択の権利の確保に努めること。

(7) 複数の障害を持つ障害者について、その求めに応じた特別な配慮がなされるようにすること。

(8) 障害による差別については、誰もが障害を持つ可能性があることを理解し、また合理的配慮は、障害者だけでなく、子ども、妊婦、高齢者、病弱者を含むすべての個人にも求められるものであり、障害のない人にも有益であることから、地域社会共通の課題としてとらえること。

(9) 共に生きる地域社会の実現とは、すべての事業者等や市民等が、障害や障害者に対する理解を深めるとともに、差別をなくすうえで守るべきルールを共有することであって、差別する側と差別される側とに分けて相手側を一方的に非難したり、制裁を加えたりすることではないこと。

(10) 共に生きる地域社会は、障害者に関する法令とこの条例に基づき、障害者、事業者等、市民等と市の協力・共同的な努力によって実現されるものであること。

この議論のなかで、たとえば（3）の情報権にかなり時間をかけました。現在、日野市障害者関係団体連絡協議会の会長である有山一博さんは、日野市だけでなく東京都や全日本ろうあ連盟のリーダーの一人でもあります。その彼が、研究会のなかで、手話通訳を通じて「耳が聴こえないというだけで、なぜ私たちは孤立してきたのか」と、じゅんじゅんと語りました。これには参加した誰もが大きなショックをうけました。

そこで私たちは、条例案の「情報活動における差別の解消」という条項について何回も検討をかさねました。いま到達しているのは次のような案です。

［情報権の確立］

社会的に多数の者との間で情報の提供や交換を行う者は、それらの情報活動について、次の各号の場合を除くほか、障害者に対する差別をしてはならない。

（1）情報の技術上やむを得ない場合その他、客観的に見て正当あるいはやむを得ないと認められる特別な事情がある場合。

（2）客観的に見て、その実施のための負担が特に過重と認められる場合。

ここまでは「差別解消法」に書いてあることですが、第2項として、こういう条文を立てたのです。

２　市は、障害者の情報活動が持つ重要性に配慮し、知る権利、伝える権利、私的情報保護の権利の全体にわたって、その保障のために、法令等に基づいて、以下の各号を含むすべての障害者についての情報の権利を保障する施策を作成し、市の機関・組織、事業者等、市民等に周知しなければならない。

（１）視覚障害者、聴覚障害者を含むすべての障害者の情報活動、意思の伝達・交換を保障するために、点字、音声、手話、筆談、絵図、動画その他の手段を容易に利用できるようにすること。

（２）知的障害者、精神障害者における情報活動を保障するために家族等を含む情報活動に配慮すること。

（３）すべての障害者について、障害に応じて求められる情報機器、情報システムが容易に利用出来るよう、情報活動の環境を整えるよう努めること。

私たちは、障害者がたんに「保護」される存在ではなく、権利の主体者として生活し活動できる条件をもたなければならないこと、情報権の確立は不可欠であること、そのためには市をはじめとする公共機関が先頭に立たなければならないことを明記しようとしたのです。

②障害者が主権者の一人として生きる道をひらく

「公民権の行使」も、私たちが議論を重ねた部分のひとつです。この部分の条例案は次の通りです。

［公民権の行使、社会参加における差別の解消］

第二一条　市は、障害者の選挙権、被選挙権の行使における、差別的な待遇を禁止しなければならない。

2　市は、障害者による請願、直接請求、監査請求その他の公的な権利の行使において、一切の差別的な待遇を禁止するとともに、市のすべての政策の決定にあたって、障害者の意思の表明及び討論への参加について、特に配慮しなければならない。

3　事業者等及び市民等は、社会的または地域的な課題についての決定にあたって、障害者の参加について配慮しなければならない。

ここでも市の任務、その位置を明確にしました。とくにこのとき議論したのは被選挙権です。障害者差別解消法には被選挙権の記載がありません。それではだめだと考えたのです。この議論のなかでも、こういう条例を皆でつくる能力をもったからには、障害者自身が選挙に立候補して、障害者の権利だけでなく、自治体や地域社会がどうあるべきかということを、主体的に発言できる条件をつくろうという議論にまで発展したのです。

4　共に生きるまちをつくる

障害者を含むすべての住民が、主体的に「共に生きる社会」の一員になる条件とはいったい何か――条例案づくりのなかで、参加した障害者の仲間たちとみんなで考え続けました。「障害者は弱者だから権利を保障してあげる」とか「保障してもらう」ということではなく、一人ひとりが権利の主体者であり主権者の一人だということを、もっと明確に、しかも空気のようにしなければならない、というわけです。これはとても大きな前進でした。「助けてもらう、権利を保障してもらう」ではなく、互いの権利を保障する主体になるのでなければならない。社会的に動くとはそういうことだ、と。自分たちが主権者として行動することが、障害者だけでなく、すべての市民の権利を保障することにもなるはずだ、という議論にすすんだのです。

障害をもつ仲間たちと、疲れを忘れて、一回ごとに二時間以上をかけ、一年半かけて全体で三五条の条例案をつくりました。私自身が役所で条例案をつくった経験では、半月ほどの研究時間があれば、たちまち「条例案」を書き上げることができるはずでした。何しろ前提とする法令があり、中央政府作成のガイドブックがあるのです。

しかし、法律用語や、差別の事実のひとつひとつをみんなで学びあうと、「解《わか》る」ということの意味がわかるのです。「ああ、そういうことだったんですか」と。そういう場を私たちがもつことができないと、たとえば「偏見」と「差別」の区別もわかりません。

私たちは、そういう討論ができるSociety《ソサエティ》＝共同的な社会関係をきちんとつくっていく必要を、あらためて確認すべきではないでしょうか。どんな施設でも地域と交わらなくてはならないというとき、その地域とは何なのか、どのような社会関係を前提に「地域」あるいは「地域社会」と言っているのか。たんにコミュニティと言って、わかったようなふりをするのは違うのではないか。どういう人間関係を形成するかということから、私たちがきちんと実践を積み上げていかなければ、日本国憲法もアクセサリーになってしまい、普段のくらしのなかでは具体化されないでしょう。地域社会はもちろん、企業社会もそうですが、そこできちんとした共同的人間関係をつくっていくということです。

さいごに

だからこそ、市民と豊かに共同する障害者運動が、いま、きわめて重要なのです。なぜなら、地域社会のなかで当事者がイニシアティブをとってアプローチしていかなければ、現実を変えていくことができないからです。

この社会のなかで、人々はそれぞれすべきことがあり、会社に行ったり子育てをしたり、誰もがいい加減に生きてなどいません。それでなくても現在の社会はとにかく忙しい。だから、きっかけを提起する人がいない限り——しかも、絶えずそれをする人がいない限りは、無理解にならざるをえません。

障害者の人権保障を本気でやるなら、地方自治体の政府組織は、行政も議会も、自分たちの広報紙誌の中に一年中、障害者の欄を設けなければいけない。あるいは高齢者の課題の欄もなければならない。そうやって、ずっと継続して語り続けるのです。そして、その主体として、当人たちを「このまちの主権者」として位置づけ、率直に語ってもらうのです。

相模原事件を契機として、正面からその議論を提起し、私たち自身が主権者として、あらためて実践者になる必要がある。地域社会においてこそ、イニシアティブを日常的にとり続ける位置に当事者がいる必要がある。それなしに、現実が前にすすむことはまずありません。

もうひとつ、最後に付け加えておきたいことがあります。

事件後のさまざまな発言を学ぶうちに、どうしてもふれておかなければならないことがあることに気づかされました。それは、学校教育・社会教育を通じた「統合教育・学習」の重要性であり、一日も早いその実現です。障害もある者もない者も、共に学びあう教育・学習の制度化——日本の教育制度は一貫してそれを拒み、あるいは軽視・無視してきました。もしかすると、相模原事件の容疑者はその犠牲者かもしれないのです。

少なくとも義務教育課程は市町村行政の義務です。そして社会教育制度も。ただちにこの課題への努力を本格化しなければならない、いま、そう考えています。

正面から向きあい続ける——あとがきにかえて

この本の出版をめざして、編者の四人による座談会がおこなわれたのは、事件から一カ月と二〇日が過ぎようとしている九月一五日のことでした。編者の一人である藤井克徳が専務理事を務める、社会福祉法人きょうされんの本部に集まり、それぞれの思いを率直に語りあったのです。提案者である池上の「目的」の説明から始め、藤井克徳、石川満、井上英夫、池上洋通の順で報告をおこない、本書はそれを基本に組み立てる計画でした。

ところが、出版の計画を話しあうなかで「いろいろな人にコラムを書いていただいたらどうか」という提案が出され、たちまちみんなの合意になりました。すぐに手分けをしてお願いをし、大半の人たちが快く引き受けてくださいました。

寄せられた寄稿から、いま、この国・社会で起きている、障害者をめぐる事件のもつ課題の本質を、あらためて学ぶことができました。それらのすべてが私たちの発言を支え、あるいはそれを超えて、さらにその先を指し示す力に満ちています。

寄稿をお引き受けいただいた皆さまに心からお礼を申し上げます。

私たちの座談会がおこなわれた後からも、事件に対する多くの発言が各方面から出され、私たちもまた新たな認識を得てきました。この本に収録した私たちの発言は、それらに影響された部分も少なくないことを率直に申し上げておきます。

しかし、事件の容疑者の思想や行動を肯定する意見も、くりかえし出されていることを言わなければなりません。そして、課題のもつ深さや重みからしても、正面から向きあい続けなければならない――私たちはいま、その決意を新たにしています。

大月書店の岩下結さんには、座談会に同席いただき、その後の編集・出版についてもリードしていただきました。心からお礼申し上げます。

二〇一六年一二月

藤井克徳
池上洋通
石川　満
井上英夫

資料編

資料1 日本国憲法（抄）

昭和二一年一一月三日公布、昭和二二年五月三日施行

前文

1 日本国民は、正当に選挙された国会における代表者を通じて行動し、われらとわれらの子孫のために、諸国民との協和による成果と、わが国全土にわたつて自由のもたらす恵沢を確保し、政府の行為によつて再び戦争の惨禍が起ることのないやうにすることを決意し、ここに主権が国民に存することを宣言し、この憲法を確定する。そもそも国政は、国民の厳粛な信託によるものであつて、その権威は国民に由来し、その権力は国民の代表者がこれを行使し、その福利は国民がこれを享受する。これは人類普遍の原理であり、この憲法はかかる原理に基くものである。われらは、これに反する一切の憲法、法令及び詔勅を排除する。

2 日本国民は、恒久の平和を念願し、人間相互の関係を支配する崇高な理想を深く自覚するのであつて、平和を愛する諸国民の公正と信義に信頼して、われらの安全と生存を保持しようと決意した。われらは、平和を維持し、専制と隷従、圧迫と偏狭を地上から永遠に除去しようと努めてゐる国際社会において、名誉ある地位を占めたいと思ふ。われらは、全世界の国民が、ひとしく恐怖と欠乏から免かれ、平和のうちに生存する権利を有することを確認する。

3 われらは、いづれの国家も、自国のことのみに専念して他国を無視してはならないのであつて、政治道徳の法則は、普遍的なものであり、この法則に従ふことは、自国の主権を維持し、他国と対等関係に立たうとする各国の責務であると信ずる。

4 日本国民は、国家の名誉にかけ、全力をあげてこの崇高な理想と目的を達成することを誓ふ。

第二章 戦争の放棄

第九条 ①日本国民は、正義と秩序を基調とする国際平和を誠実に希求し、国権の発動たる戦争と、武力による威嚇又は武力の行使は、国際紛争を解決する手段としては、永久にこれを放棄する。

②前項の目的を達するため、陸海空軍その他の戦力は、これを保持しない。国の交戦権は、これを認めない。

第三章 国民の権利及び義務

第十条 日本国民たる要件は、法律でこれを定める。

第十一条 国民は、すべての基本的人権の享有を妨げられない。この憲法が国民に保障する基本的人権は、侵すことのできない永久の権利として、現在及び将来の国民に与へられる。

第十二条この憲法が国民に保障する自由及び権利は、国民の不断の努力によつて、これを保持しなければならない。又、国民は、これを濫用してはならないのであつて、常に公共の福祉のためにこれを利用する責任を負ふ。

第十三条 すべて国民は、個人として尊重される。生命、自由及び幸福追求に対する国民の権利については、公共の福祉に反しない

限り、立法その他の国政の上で、最大の尊重を必要とする。
第十四条　①すべて国民は、法の下に平等であつて、人種、信条、性別、社会的身分又は門地により、政治的、経済的又は社会的関係において、差別されない。
②華族その他の貴族の制度は、これを認めない。
③栄誉、勲章その他の栄典の授与は、いかなる特権も伴はない。栄典の授与は、現にこれを有し、又は将来これを受けるものの一代に限り、その効力を有する。
第十五条　①公務員を選定し、及びこれを罷免することは、国民固有の権利である。
②すべて公務員は、全体の奉仕者であつて、一部の奉仕者ではない。
③公務員の選挙については、成年者による普通選挙を保障する。
④すべて選挙における投票の秘密は、これを侵してはならない。選挙人は、その選択に関し公的にも私的にも責任を問はれない。
第十六条　何人も、損害の救済、公務員の罷免、法律、命令又は規則の制定、廃止又は改正その他の事項に関し、平穏に請願する権利を有し、かかる請願をしたためにいかなる差別待遇も受けない。
第十七条　何人も、公務員の不法行為により、損害を受けたときは、法律（国家賠償法）の定めるところにより、国又は公共団体に、その賠償を求めることができる。
第十八条　何人も、いかなる奴隷的拘束も受けない。又、犯罪に因る処罰の場合を除いては、その意に反する苦役に服させられない。
第十九条　思想及び良心の自由は、これを侵してはならない。
第二十条　①信教の自由は、何人に対してもこれを保障する。いかなる宗教団体も、国から特権を受け、又は政治上の権力を行使してはならない。
②何人も、宗教上の行為、祝典、儀式又は行事に参加することを強制されない。
③国及びその機関は、宗教教育その他いかなる宗教的活動もしてはならない。
第二十一条　①集会、結社及び言論、出版その他一切の表現の自由は、これを保障する。
②検閲は、これをしてはならない。通信の秘密は、これを侵してはならない。
第二十二条　①何人も、公共の福祉に反しない限り、居住、移転及び職業選択の自由を有する。
②何人も、外国に移住し、又は国籍を離脱する自由を侵されない。
第二十三条　学問の自由は、これを保障する。
第二十四条　①婚姻は、両性の合意のみに基いて成立し、夫婦が同等の権利を有することを基本として、相互の協力により、維持されなければならない。
②配偶者の選択、財産権、相続、住居の選定、離婚並びに婚姻及び家族に関するその他の事項に関しては、法律は、個人の尊厳と両性の本質的平等に立脚して、制定されなければならない。
第二十五条　①すべて国民は、健康で文化的な最低限度の生活を営む権利を有する。

②国は、すべての生活部面について、社会福祉、社会保障及び公衆衛生の向上及び増進に努めなければならない。
第二十六条　①すべて国民は、法律の定めるところにより、その能力に応じて、ひとしく教育を受ける権利を有する。
②すべて国民は、法律の定めるところにより、その保護する子女に普通教育を受けさせる義務を負ふ。義務教育は、これを無償とする。
第二十七条　①すべて国民は、勤労の権利を有し、義務を負ふ。
②賃金、就業時間、休息その他の勤労条件に関する基準は、法律でこれを定める。
③児童は、これを酷使してはならない。
第二十八条　勤労者の団結する権利及び団体交渉その他の団体行動をする権利は、これを保障する。
第二十九条　①財産権は、これを侵してはならない。
②財産権の内容は、公共の福祉に適合するやうに、法律でこれを定める。
③私有財産は、正当な補償の下に、これを公共のために用ひることができる。
第三十条　国民は、法律の定めるところにより、納税の義務を負ふ。
第三十一条　何人も、法律の定める手続によらなければ、その生命若しくは自由を奪はれ、又はその他の刑罰を科せられない。
第三十二条　何人も、裁判所において裁判を受ける権利を奪はれない。
第三十三条［逮捕の制約　略］
第三十四条［抑留及び拘禁の制約　略］
第三十五条［侵入、捜索及び押収の制約　略］
第三十六条［拷問及び残虐な刑罰の禁止　略］
第三十七条［刑事被告人の権利　略］
第三十八条［自白強要の禁止と自白の証拠能力の限界　略］
第三十九条［遡及処罰、二重処罰等の禁止　略］
第四十条［刑事補償　略］

第八章　地方自治

第九十二条　地方公共団体の組織及び運営に関する事項は、地方自治の本旨に基いて、法律でこれを定める。
第九十三条　①地方公共団体には、法律の定めるところにより、その議事機関として議会を設置する。
②地方公共団体の長、その議会の議員及び法律の定めるその他の吏員は、その地方公共団体の住民が、直接これを選挙する。
第九十四条　地方公共団体は、その財産を管理し、事務を処理し、及び行政を執行する権能を有し、法律の範囲内で条例を制定することができる。
第九十五条　一の地方公共団体のみに適用される特別法は、法律の定めるところにより、その地方公共団体の住民の投票においてその過半数の同意を得なければ、国会は、これを制定することができない。

第九章　改　正

第九十六条　①この憲法の改正は、各議院の総議員の三分の二以上の賛成で、国会が、これを発議し、国民に提案してその承認を経なければならない。この承認には、特別の国民投票又は国会の定める選挙の際行はれる投票において、その過半数の賛成を必要とする。

②憲法改正について前項の承認を経たときは、天皇は、国民の名で、この憲法と一体を成すものとして、直ちにこれを公布する。

第十章　最高法規

第九十七条　この憲法が日本国民に保障する基本的人権は、人類の多年にわたる自由獲得の努力の成果であつて、これらの権利は、過去幾多の試錬に堪へ、現在及び将来の国民に対し、侵すことのできない永久の権利として信託されたものである。

第九十八条　①この憲法は、国の最高法規であつて、その条規に反する法律、命令、詔勅及び国務に関するその他の行為の全部又は一部は、その効力を有しない。

②日本国が締結した条約及び確立された国際法規は、これを誠実に遵守することを必要とする。

第九十九条　天皇又は摂政及び国務大臣、国会議員、裁判官その他の公務員は、この憲法を尊重し擁護する義務を負ふ。

[省略した章]

第一章　天皇、第四章　国会、第五章　内閣、第六章　司法、第七章　財政、第十一章　補則

資料2

障害者の権利に関する条約（抄）

二〇〇六年国連総会採択、日本は二〇一四年一月二〇日に批准書を寄託

前　文

この条約の締約国は、

（a）国際連合憲章において宣明された原則が、人類社会の全ての構成員の固有の尊厳及び価値並びに平等のかつ奪い得ない権利が世界における自由、正義及び平和の基礎を成すものであると認めていることを想起し、

（b）国際連合が、世界人権宣言及び人権に関する国際規約において、全ての人はいかなる差別もなしに同宣言及びこれらの規約に掲げる全ての権利及び自由を享有することができることを宣明し、及び合意したことを認め、

（c）全ての人権及び基本的自由が普遍的であり、不可分のものであり、相互に依存し、かつ、相互に関連を有すること並びに障害者が全ての人権及び基本的自由を差別なしに完全に享有することを保障することが必要であることを再確認し、

（d）経済的、社会的及び文化的権利に関する国際規約、市民的及び政治的権利に関する国際規約、あらゆる形態の人種差別の撤廃に関する国際条約、女子に対するあらゆる形態の差別の撤廃に関する条約、拷問及び他の残虐な、非人道的な又は品位を傷つける取扱い

は刑罰に関する条約、児童の権利に関する条約及び全ての移住労働者及びその家族の構成員の権利の保護に関する国際条約を想起し、

（ｅ）障害が発展する概念であることを認め、また、障害が、機能障害を有する者とこれらの者に対する態度及び環境による障壁との間の相互作用であって、これらの者が他の者との平等を基礎として社会に完全かつ効果的に参加することを妨げるものによって生ずることを認め、

（ｆ）障害者に関する世界行動計画及び障害者の機会均等化に関する標準規則に定める原則及び政策上の指針が、障害者の機会均等を更に促進するための国内的、地域的及び国際的な政策、計画及び行動の促進、作成及び評価に影響を及ぼす上で重要であることを認め、

（ｇ）持続可能な開発に関連する戦略の不可分の一部として障害に関する問題を主流に組み入れることが重要であることを強調し、

（ｈ）また、いかなる者に対する障害に基づく差別も、人間の固有の尊厳及び価値を侵害するものであることを認め、

（ｉ）さらに、障害者の多様性を認め、

（ｊ）全ての障害者（より多くの支援を必要とする障害者を含む。）の人権を促進し、及び保護することが必要であることを認め、

（ｋ）これらの種々の文書及び約束にもかかわらず、障害者が、世界の全ての地域において、社会の平等な構成員としての参加を妨げる障壁及び人権侵害に依然として直面していることを憂慮し、

（ｌ）あらゆる国（特に開発途上国）における障害者の生活条件を改善するための国際協力が重要であることを認め、

（ｍ）障害者が地域社会における全般的な福祉及び多様性に対して既に貴重な貢献をしており、又は貴重な貢献をし得ることを認め、また、障害者による人権及び基本的自由の完全な享有並びに完全な参加を促進することにより、その帰属意識が高められること並びに社会の人的、社会的及び経済的開発並びに貧困の撲滅に大きな前進がもたらされることを認め、

（ｎ）障害者にとって、個人の自律及び自立（自ら選択する自由を含む。）が重要であることを認め、

（ｏ）障害者が、政策及び計画（障害者に直接関連する政策及び計画を含む。）に係る意思決定の過程に積極的に関与する機会を有すべきであることを考慮し、

（ｐ）人種、皮膚の色、性、言語、宗教、政治的意見その他の意見、国民的な、種族的な、先住民族としての若しくは社会的な出身、財産、出生、年齢又は他の地位に基づく複合的又は加重的な形態の差別を受けている障害者が直面する困難な状況を憂慮し、

（ｑ）障害のある女子が、家庭の内外で暴力、傷害若しくは虐待、放置若しくは怠慢な取扱い、不当な取扱い又は搾取を受ける一層大きな危険にしばしばさらされていることを認め、

（ｒ）障害のある児童が、他の児童との平等を基礎として全ての人権及び基本的自由を完全に享有すべきであることを認め、また、このため、児童の権利に関する条約の締約国が負う義務を想起し、

（ｓ）障害者による人権及び基本的自由の完全な享有を促進するためのあらゆる努力に性別の視点を組み込む必要があることを強調し、

（ｔ）障害者の大多数が貧困の状況下で生活している事実を強調し、また、この点に関し、貧困が障害者に及ぼす悪影響に対処すること

が真に必要であることを認め、

(u) 国際連合憲章に定める目的及び原則の十分な尊重並びに人権に関する適用可能な文書の遵守に基づく平和で安全な状況が、特に武力紛争及び外国による占領の期間中における障害者の十分な保護に不可欠であることに留意し、

(v) 障害者が全ての人権及び基本的自由を完全に享有することを可能とするに当たっては、物理的、社会的、経済的及び文化的な環境並びに健康及び教育を享受しやすいようにし、並びに情報及び通信を利用しやすいようにすることが重要であることを認め、

(w) 個人が、他人に対し及びその属する地域社会に対して義務を負うこと並びに国際人権章典において認められる権利の増進及び擁護のために努力する責任を有することを認識し、

(x) 家族が、社会の自然かつ基礎的な単位であること並びに社会及び国家による保護を受ける権利を有することを確信し、また、障害者及びその家族の構成員が、障害者の権利の完全かつ平等な享有に向けて家族が貢献することを可能とするために必要な保護及び支援を受けるべきであることを確信し、

(y) 障害者の権利及び尊厳を促進し、及び保護するための包括的かつ総合的な国際条約が、開発途上国及び先進国において、障害者の社会的に著しく不利な立場を是正することに重要な貢献を行うこと並びに障害者が市民的、政治的、経済的、社会的及び文化的分野に均等な機会により参加することを促進することを確信して、

次のとおり協定した。

[各条文の見出し]

第二十三条　家庭及び家族の尊重
第二十四条　教育
第二十五条　健康
第二十六条　ハビリテーション（適応のための技能の習得）及びリハビリテーション
第二十七条　労働及び雇用
第二十八条　相当な生活水準及び社会的な保障
第二十九条　政治的及び公的活動への参加
第三十条　文化的な生活、レクリエーション、余暇及びスポーツへの参加

［以下第五十条まで、条約の規定を実現するための手段、国際協力、国際機関、または条約の発効、その他についての規定　略］

資料3

障害を理由とする差別の解消の推進に関する法律（抄）

平成二五年法律第六五号

＊この法律（略称「障害者差別解消法」）は、国連・障害者の権利条約の批准に伴い、障害者差別を禁止すること自体を目的にした法律として、わが国において初めて制定されたものであり、二〇一五年四月一日に施行された。（編者）

第一章　総　則

（目的）

第一条　この法律は、障害者基本法（昭和四十五年法律第八十四号）の基本的な理念にのっとり、全ての障害者が、障害者でない者と等しく、基本的人権を享有する個人としてその尊厳が重んぜられ、その尊厳にふさわしい生活を保障される権利を有することを踏まえ、障害を理由とする差別の解消の推進に関する基本的な事項、行政機関等及び事業者における障害を理由とする差別を解消するための措置等を定めることにより、障害を理由とする差別の解消を推進し、もって全ての国民が、障害の有無によって分け隔てられることなく、相互に人格と個性を尊重し合いながら共生する社会の実現に資することを目的とする。

（定義）

第二条　この法律において、次の各号に掲げる用語の意義は、それぞれ当該各号に定めるところによる。

一　障害者　身体障害、知的障害、精神障害（発達障害を含む。）その他の心身の機能の障害（以下「障害」と総称する。）がある者であって、障害及び社会的障壁により継続的に日常生活又は社会生活に相当な制限を受ける状態にあるものをいう。

二　社会的障壁　障害がある者にとって日常生活又は社会生活を営む上で障壁となるような社会における事物、制度、慣行、観念その他一切のものをいう。

［以下三〜七、行政機関などの定義　略］

（国及び地方公共団体の責務）

第三条　国及び地方公共団体は、この法律の趣旨にのっとり、障害を理由とする差別の解消の推進に関して必要な施策を策定し、及びこれを実施しなければならない。

(国民の責務)

第四条　国民は、第一条に規定する社会を実現する上で障害を理由とする差別の解消が重要であることに鑑み、障害を理由とする差別の解消の推進に寄与するよう努めなければならない。

(社会的障壁の除去の実施についての必要かつ合理的な配慮に関する環境の整備)

第五条　行政機関等及び事業者は、社会的障壁の除去の実施についての必要かつ合理的な配慮を的確に行うため、自ら設置する施設の構造の改善及び設備の整備、関係職員に対する研修その他の必要な環境の整備に努めなければならない。

第二章　障害を理由とする差別の解消の推進に関する基本方針

第六条　政府は、障害を理由とする差別の解消の推進に関する施策を総合的かつ一体的に実施するため、障害を理由とする差別の解消の推進に関する基本方針（以下「基本方針」という。）を定めなければならない。

2　基本方針は、次に掲げる事項について定めるものとする。

一　障害を理由とする差別の解消の推進に関する施策に関する基本的な方向

二　行政機関等が講ずべき障害を理由とする差別を解消するための措置に関する基本的な事項

三　事業者が講ずべき障害を理由とする差別を解消するための措置に関する基本的な事項

四　その他障害を理由とする差別の解消の推進に関する施策に関する重要事項

［第3項～6項　略］

第三章　行政機関等及び事業者における障害を理由とする差別を解消するための措置

(行政機関等における障害を理由とする差別の禁止)

第七条　行政機関等は、その事務又は事業を行うに当たり、障害を理由として障害者でない者と不当な差別的取扱いをすることにより、障害者の権利利益を侵害してはならない。

2　行政機関等は、その事務又は事業を行うに当たり、障害者から現に社会的障壁の除去を必要としている旨の意思の表明があった場合において、その実施に伴う負担が過重でないときは、障害者の権利利益を侵害することとならないよう、当該障害者の性別、年齢及び障害の状態に応じて、社会的障壁の除去の実施について必要かつ合理的な配慮をしなければならない。

(事業者における障害を理由とする差別の禁止)

第八条　事業者は、その事業を行うに当たり、障害を理由として障害者でない者と不当な差別的取扱いをすることにより、障害者の権利利益を侵害してはならない。

2　事業者は、その事業を行うに当たり、障害者から現に社会的障壁の除去を必要としている旨の意思の表明があった場合において、その実施に伴う負担が過重でないときは、障害者の権利利益を侵害することとならないよう、当該障害者の性別、年齢及び障害の状態に応じて、社会的障壁の除去の実施について必要かつ合理的な配慮をするように努めなければならない。

〔以下、第九条～十三条　略〕

第四章　障害を理由とする差別を解消するための支援措置〔略〕

第五章　雑則〔略〕

第六章　罰則〔略〕

附　則〔略〕

資料4

国民優生法（抄）

昭和一五年法律第一〇七号　現代口語文訳・池上洋通

＊国民優生法はナチス・ドイツによる「断種法」の影響下に制定されたといわれ、一九四五年まで有効であった。（編者）

第一条　この法律は、悪質な遺伝性疾患の素質を持つ者の増加を防ぐと共に、健全な素質を持つ者の増加を図ることによって、国民の素質の向上を期すことを目的とする。

第二条　本法で優生手術というのは、生殖を不能にする手術または処置であって、命令によって定めるものをいう。

第三条　次の各号の疾患の一つにかかった者で、その子または孫が、医学的な経験の上で同一の疾患にかかるおそれが特に著しいときは、この法律に依って優生手術を受けることができる。但し、その者が特に優秀な素質を合わせ持つと認められるときは、この限りではない。

一　遺伝性精神病

二　遺伝性精神薄弱

三　強度で悪質な遺伝性病的性格

四　強度で悪質な遺伝性身体疾患

五　強度な遺伝性奇形

2　四親等以内の血族の中に、前項各号の一つに該当する疾患にかかっている者がいる者同士が婚姻している場合、または前項各号の一つの疾患を持つ者同士が婚姻している場合（届出していなくても事実上婚姻関係と同様の事情にある場合を含む）において、将来出生する子が医学的経験の上で同一の疾患にかかるおそれが特に著しいときは、前項に同じとする。

3　第一項各号の一つに該当する疾患にかかっている子を持ち、または持った者で、将来出生する子が医学的経験の上で同一の疾患にかかるおそれが特に著しいときは、第一項に同じとする。

第四条　前条の規定によって優生手術を受けることができる者は、優生手術の申請をすることができる。この場合、本人が配偶者（届出していなくても事実上婚姻関係と同様の事情にある場合を含む。以下同じ）を持つときはその配偶者の同意を、三十歳に達していないとき、または心神耗弱者であるときは、その家の父母（婚姻に依って配偶者の家に入った者は、配偶者の父母とする。以下同じ）の同意を得ることが必要である。

2　前条の規定によって優生手術を受けることができる者が心神喪失者であるときは、優生手術の申請は、前項の規定にかかわらずその家の父母が行うことができる。但し本人が配偶者を持つときは、その配偶者及びその父母が行うことができる。
3項〜4項［略］
第五条［略］

資料5

優生保護法（抄）

昭和二三年法律第一五六号

＊日本国憲法下の一九四八年に制定され一九九六年まで施行されていた。同年に大きな改正を行い「母体保護法」と改題され、今日に至っている。（編者）

第一章　総則

第一条　この法律は、優生上の見地から不良な子孫の出生を防止するとともに、母性の生命健康を保護することを目的とする。
第二条　この法律で優生手術とは生殖腺を除去することなしに、生殖を不能にする手術で命令をもつて定めるものをいう。
2　この法律で人工妊娠中絶とは胎児が母体外において、生命を保続することのできない時期に人工的に、胎児及びその付属物を母体外に排出することをいう。

第二章　優生手術

第三条　医師は、左の各号の一に該当する者に対して本人の同意並びに配偶者（届出をしないが事実上婚姻関係と同様な事情にある者を含む、以下同じ）があるときはその同意を得て、優生手術を行うことができる。但し未成年者、精神病者又は精神薄弱者については、この限りでない。
一　本人若しくは配偶者が遺伝性精神病質、遺伝性身体疾患若しくは遺伝性奇形を有し、又は配偶者が精神病若しくは精神薄弱を有しているもの。
二　本人又は配偶者の四親等以内の血族関係にある者が、遺伝性精神病、遺伝性精神薄弱、遺伝性精神病質、遺伝性身体疾患又は遺伝性奇型を有しているもの。
三　本人又は配偶者が、癩疾患にかかり、且つ子孫にこれが伝染するおそれのあるもの。
四　妊娠又は分娩が、母体の生命に危険を及ぼすおそれのあるもの。
五　現に数人の子を有し、且つ、分娩ごとに、母体の健康度を著しく低下するおそれのあるもの。
2　前項第四号及び第五号に掲げる場合には、その配偶者についても同項の規定による優生手術を行うことができる。
3　第一項の同意は、配偶者が知れないとき又はその意思を表示することができないときは本人の同意だけで足りる。
第四条　医師は、診断の結果、別表に掲げる疾患にかかつていることを確認した場合において、その者に対し、その疾患の遺伝を防止するため優生手術を行うことが公益上必要であると認めるときは、都道府県優生保護審査会に優生手術を行うことの適否に関する審査を申請しなければならない。

別表（第四条関係）

一　遺伝性精神病　精神分裂病、そううつ病、てんかん
二　遺伝性精神薄弱
三　顕著な遺伝性精神病質　顕著な性欲異常、顕著な犯罪傾向
四　顕著な遺伝性身体疾患　ハンチントン氏舞踏病、遺伝性脊髄性運動失調症、遺伝性小脳性運動失調症、神経性進行性筋萎縮症、進行性筋性筋栄養障害症、筋緊張症、先天性筋緊張消失症、先天性軟骨発育障害、白児、魚鱗せん、多発性軟性神経繊維腫、結節性硬化症、先天性表皮水泡症、先天性ポルフイリン尿症、先天性手掌足しよ角化症、遺伝性視神経萎縮、網膜色素変性、全色盲、先天性眼球震とう、青色きよう膜、遺伝性の難聴又はつんぼ、血友病
五　強度な遺伝性奇型　裂手、裂足、先天性骨欠損症

＊この別表は、法律の最後尾に付けられていたものである。（編者）

［第五条〜第一三条、手続きなどの規定　略］

第三章　母性保護

第十四条　都道府県の区域を単位として設立された社団法人たる医師会の指定する医師（以下指定医師という）は、左の各号に該当する者に対して、本人及び配偶者の同意を得て、人工妊娠中絶を行うことができる。

一　本人又は配偶者が精神病、精神薄弱、精神病質、遺伝性身体疾患又は遺伝性奇型を有しているもの。
二　本人又は配偶者の四親等以内の血族関係にある者が遺伝性精神病、遺伝性精神薄弱、遺伝性精神病質、遺伝性身体疾患又は遺伝性奇型を有しているもの。
三　本人又は配偶者が癩疾患に罹つているもの。
四　妊娠の継続又は分娩が身体的又は経済的理由により母体の健康を著しく害するおそれのあるもの。
五　暴行若しくは脅迫によつて又は抵抗若しくは拒絶することができない間に姦淫されて妊娠したもの。

2　前項の同意は、配偶者が知れないとき若しくはその意思を表示することができないとき又は妊娠後に配偶者がなくなつたときには本人の同意だけで足りる。

3　人工妊娠中絶の手術を受ける本人が精神病者又は精神薄弱者であるときは、精神衛生法第二十条（後見人、配偶者、親権を行う者又は扶養義務者が保護義務者となる場合）又は同法第二十一条（市町村長が保護義務者となる場合）に規定する保護義務者の同意をもつて本人の同意とみなすことができる。

第十五条　避妊指導など規定［略］

第四章　優生保護審査会［略］
第五章　優生保護相談所［略］
第六章　届出、禁止その他［略］
第七章　罰則［略］
附　則［略］

資料6

厚生労働省「相模原市の障害者支援施設における事件の検証及び再発防止策検討チーム」中間とりまとめ（概要）

平成二八年九月一四日　厚生労働省発表

1 検討の経過［略］

2 構成員

岩崎俊雄（社会福祉法人全国社会福祉協議会　全国社会福祉法人経営者協議会副会長）

久保野恵美子（東北大学大学院法学研究科教授）

田中正博（全国手をつなぐ育成会連合会統括）

中原由美（全国保健所長会 福岡県糸島保健福祉事務所長）

平田豊明（千葉県精神科医療センター病院長）

松田ひろし（特定医療法人立川メディカルセンター柏崎厚生病院院長）

松本俊彦（国立研究開発法人国立精神・神経医療研究センター精神保健研究所薬物依存研究部部長）

村上優（独立行政法人国立病院機構榊原病院院長）

◎山本輝之（成城大学法学部教授）

＊この他、内閣府、警察庁、法務省、文部科学省、厚生労働省、神奈川県、相模原市が関係省庁等として参画（◎：座長）

3 中間とりまとめの位置付け

現段階で把握された事実関係に基づく検証結果を示すものであり、今後、更に検証を進め、その結果を踏まえ再発防止策を取りまとめ

4 検証方法の概要

以下の方法で情報収集を行い、チームで事実関係の検証を実施。

○厚生労働省において、措置入院を行った北里大学東病院（以下「東病院」）、相模原市、施設等からヒアリング

○東病院に対しては、精神保健指定医二名を派遣して措置入院等の診断にあたった指定医へのヒアリング等の調査を行うとともに、一一名の指定医による評価を個別に実施。相模原市にも措置入院等の手続について調査を実施

○可能な範囲で関係者からのヒアリングを実施し、事件前の容疑者の状況についてできる限り把握

中間とりまとめにおける検証結果の概要

〈措置入院中の診療〉

●検証で明らかになった点

◇東病院は、「大麻使用による脱抑制」と診断したが、薬物使用に関連する精神障害について専門性のある医師はおらず、診断や診療に当たって、そうした外部の医師の意見を聴いていない。

◇他の精神障害等の可能性を考えて、生活歴の把握や心理検査を行えば、異なる診断や治療方針等が検討しえた可能性。

◇入院中から、薬物の再使用を防止するための対応（治療プログラム、家族支援等）を検討することも十分でなかった。

◇容疑者の退院後の居住先についても院内で意識共有がなされず、家族の認識とも齟齬（主治医は八王子市の両親と同居と認識。実際

は相模原市で単身生活)。

●今後の検討課題

◇綿密な診断と治療内容の検討、社会復帰に向けた治療プログラムの提供といった、質の高い医療を提供。

◇医療保護入院における「退院促進措置」(＊)を参考とした自立促進を図るための制度的対応。

◇医師の養成段階から生涯にわたる医学教育の充実を通じて、地域復帰後の医療等の継続支援を企画可能な医師や、臨床現場において薬物使用に関連する精神障害について専門的な知識を持った医師を育成し、質の高い医療を提供。

＊　精神保健福祉士等の退院後生活環境相談員の選任、多職種による退院支援委員会の開催

〈措置解除時の対応〉

●検証で明らかになった点

◇東病院は、容疑者の薬物再使用防止に向けた退院後の支援を検討することなく「訪問指導等に関する意見」等が空欄のまま「症状消退届」(＊)を相模原市に提出。

◇相模原市は、東病院に消退届の内容の確認を行わず、退院後の医療等の支援を検討せずに措置を解除。

→病院・相模原市の対応は現行制度下においても不十分。

＊　精神保健指定医による診察の結果「入院を継続しなくても精神障害のために自傷他害のおそれがないと認められるに至ったこと」を病院管理者が都道府県知事・政令市長に届け出るもの

●今後の検討課題

◇病院が、退院後に必要な医療等の支援を検討し、症状消退届で都道府県知事等に確実に伝達。

◇都道府県知事等は、症状消退届の内容を踏まえて医療等の支援の内容や関係機関の役割を確認。

◇患者が自治体を越えて移動しても、退院後支援の「調整の要」としての機能を、責任主体となる自治体間で確実に引き継ぎ。

◇都道府県知事等が、措置解除の際、精神科の医師の意見を聴く体制を確保する等の対応。

【措置入院の診察を行った精神保健指定医について】

・現在、厚生労働省において、精神保健指定医の指定に係る申請の際に不正な申請がなかったか調査中。

・措置入院の診察を行った指定医のうち一人が調査対象であったが、すでに指定医の辞退届を提出(指定医の資格は喪失)。内容不十分な申請で資格を取得した指定医が措置入院の診察に関わり、制度に対する信頼を損ねたことは重大な問題。

・ただし、この指定医の措置入院に係る医学的判断については、本チームで評価した結果、標準的な判断であった。

〈措置解除後の対応〉

●検証で明らかになった点

◇東病院は、外来診療で薬物の再使用を防止するための指導を行わず通院中断に至り、その後に容疑者への状況確認等を行っていない。

◇保健所設置市には退院後の相談指導等を行う法的義務があるが、

相模原市は、容疑者が市外に帰住すると認識して医療等の支援を実施せず、また、個人情報保護を理由として、八王子市に情報提供しなかった。

●今後の検討課題

◇保健所を設置する自治体が、措置権者である都道府県等から退院後の医療等の支援プロセスを確実に引き継ぎ、継続支援を実施。地域の精神科の医療機関など地域資源も活用。

◇患者が通院中断に至ることなく、通院医療等を適切に受けられるようにするための仕組み。

◇患者が全国どこに移動しても継続的支援を受けられるよう、本人の理解を前提に自治体間での情報提供。

〈社会福祉施設等における防犯対策〉

●検証で明らかになった点

◇施設は、警察からの容疑者の手紙の内容についての説明と、それに基づく防犯指導を踏まえ、早急に警備体制の強化を開始するなどしていたが、容疑者の手紙の内容の詳細までは把握しておらず、また、施設内では緊急時との意識が十分に共有されなかったことから、防犯カメラを常時監視するに至らず。

●今後の検討課題

◇社会福祉施設等における防犯について、日常の対応や、犯行予告がなされた場合のような緊急時の対応に関し、具体的な点検項目を新たに提示。

◇点検項目を受けて、社会福祉施設等においては、防犯の観点から現状を点検、対応すべき点を把握。

◇地域と一体となった開かれた社会福祉施設等という基本的方向性は維持。

◆精神障害者の地域移行の流れは、人権擁護・地域共生社会推進の観点から決して揺るがしてはならない。

◆今回の相模原市・東病院の対応は、現行制度下の対応としても不十分な点が認められ、他の地方自治体・病院でも同様の対応が行われる可能性。

◆入院中から措置解除後まで、患者が医療・保健・福祉・生活面での支援を継続的に受け、地域で孤立することなく安心して生活を送れるようにすることが、ひいては今回のような事件の再発防止につながる。　↓患者の継続的支援の確実な実施には、現行の運用改善のみならず、制度的対応が必要不可欠。

◆今後、更に事実関係を精査しつつ、秋頃を目途に再発防止策をとりまとめる。

相模原市の障害者支援施設における事件の主な経緯［略］

〈付記〉神奈川県が設置した検証委員会の報告書について

事件について神奈川県が設置した検証委員会（委員長・石渡和実東洋英和女学院大学教授）が一一月二五日に報告書を県に提出した。本書への収録を企図したが、編集終了時点で入手できなかったため割愛した。（編者）

執筆者略歴（執筆順）

藤井克徳（ふじい・かつのり）
NPO法人日本障害者協議会（JD）代表，きょうされん専務理事。著書に『えほん障害者権利条約』（汐文社，2015年），『私たち抜きに私たちのことを決めないで――障害者権利条約の軌跡と本質（JDブックレット）』（やどかり出版，2014年）ほか。

福島 智（ふくしま・さとし）
東京大学先端科学技術研究センター教授，全国盲ろう者協会理事。18歳で全盲ろうとなる。東京都立大学を卒業，盲ろう者では世界初の正規の大学教員に。著書に『盲ろう者として生きて』（明石書店，2011年），『僕のいのちは言葉とともにある』（致知出版社，2015年）ほか。

香山リカ（かやま・りか）
精神科医，立教大学現代心理学部教授。著書に『リベラルですが，何か？』（イースト・プレス），『半知性主義でいこう』（朝日新書）ほか。

石川 満（いしかわ・みつる）
多摩住民自治研究所理事，元日本福祉大学教授。著書に『障害者自立支援法と自治体のしょうがい者施策』（自治体研究社，2007年），編著に『介護保険の公的責任と自治体』（自治体研究社，2001年）。

井上英夫（いのうえ・ひでお）
金沢大学名誉教授，佛教大学客員教授。生存権裁判を支援する全国連絡会会長。著書に『住み続ける権利――貧困，震災をこえて』（新日本出版社，2012年），共著に『なぜ母親は娘を手にかけたのか――居住貧困と銚子市母子心中事件』（旬報社，2016年）ほか。

池上洋通（いけがみ・ひろみち）
自治体問題研究所理事，日野市障害者関係団体連絡協議会監査。著書に『人間の顔をしたまちをどうつくるか』（自治体研究社，1998年），共著に『市民立学校をつくる教育ガバナンス』（大月書店，2005年）ほか。

装幀　鈴木衛（東京図鑑）
DTP　編集工房一生社

生きたかった　相模原障害者殺傷事件が問いかけるもの

2016年12月20日　第1刷発行

定価はカバーに
表示してあります

編者　藤井克徳
池上洋通
石川満
井上英夫

発行者　中川進

〒113-0033　東京都文京区本郷2-11-9

発行所　株式会社　大月書店

印刷　三晃印刷
製本　中永製本

電話（代表）03-3813-4651　FAX 03-3813-4656　振替00130-7-16387
http://www.otsukishoten.co.jp/

ISBN978-4-272-36088-8 C0036 Printed in Japan